RECUEIL

DES

MONUMENS

DES

CATASTROPHES

QUE LE GLOBE TERRESTRE

A ÉSSUIÉES

CONTENANT

DES

PÉTRIFICATIONS

DESSINÉES, GRAVÉES ET ENLUMINÉES

D'APRÉS LES ORIGINAUX

COMMENCÉ

PAR

FEU M.̄ GEORGE WOLFGANG KNORR

ET CONTINUÉ

PAR

SES HÉRITIERS

AVEC

L'HISTOIRE NATURELLE

DE CES CORPS

PAR

M.̄ JEAN ERNEST EMANUEL WALCH,

CONSEILLER DE LA COUR DE S. A. SER.̄ᵐᵉ MONSGR. LE DUC DE
SAXE-WEIMAR ET EISENAC ET PROFESSEUR D'ELOQUENCE ET DE
POESIE A' L'UNIVERSITE' DE IENE.

TOME QUATRIEME.

QUI RENFERME

LES TABLES SYSTÉMATIQUES ET ALPHABETIQUES.

A

NUREMBERG

MDCCLXXVIII.

AVANTPROPOS
SVR LA
CLASSIFICATION
DES
PETRIFICATIONS.

Pour faire connoître aux Curieux les Principes fur lefquels j'ai établi la Claffification que je leur préfente ici, je crois devoir la faire précéder de quelques Remarques générales, avec lefquelles je combinerai le Plan que j'ai fuivi, en dreffant ces Tables fyftématiques ; & je traiterai en même tems de la manière de claffifier les Productions du Regne animal & végétal qui ont paffé dans celui des Foffiles.

Dans toute Claffification des corps naturels, les caractères, qui doivent fervir à en difcerner les genres & les efpèces, doivent être empruntés, autant qu'il eft poffible, de quelque marque extérieure qui tombe fous les fens. C'eft la voie la plus naturelle, celle que la Nature elle même paroît nous avoir tracée! c'eft à cet ufage, c'eft pour pouvoir diftinguer les objets les uns des autres, qu'Elle nous a donné les fens, & fi Elle cache à nos yeux une partie de l'organifation du corps animal, fi elle ne nous laiffe pas voir à découvert l'arrangement la conformation & la ftructure de toutes fes parties internes, Elle nous découvre du moins toujours par certaines marques fenfibles, le caractère, dont Elle a, pour ainfi dire, figné le degré de perfectibilité qui compète à chaque échelon de cette grande echelle des corps du Regne animal! Etudions nous les ces marques, envifageons - nous les, du point de-vuë duquel Elle veut que nous obfervions ces gradations dans les différens degrés de perfection qu'elle a répandüe parmi fes productions, découvrons-nous, pour m'efprimer ainfi, cette fignature externe par laquelle la Nature a marqué ces mêmes gradations : c'eft alors que nous nous trouvons fur la vraie route, fur la route qu'Elle nous enfeigne elle-même pour parvenir à nous faciliter, par une Diftribution Syftématique, la connoiffance de cette infinité de productions qu'Elle nous offre dans le Regne animal. Je ne veux pas examiner maintenant jufqu'où l'on fe foit tenü jufqu'ici à cette voie? Il eft vrai que dans le fiécle où nous vivons, il y a eü plufieurs grands Naturaliftes qui l'ont trouvée, mais il me femble toujours, que fouvent l'on ait manqué ce véritable point de vuë d'où il faloit partir pour déterminer ces différens degrés de perfectibilité, en confondant les degrés de perfection qui déterminent les Claffes d'avec ceux qui determinent les genres, & ceux-ci d'avec ceux des efpèces, & qu'en confondant outre-cela ces degrés de perfection avec ces caractères fenfibles qui les défignent, l'on ait fubftitué ceux ci à la place de ceux-là précifément dans des endroits où il ne le faloit pas, & que fort fouvent l'on ait pris pour des caractères vrais, propres & conftans, ce qui n'étoit rien moins que cela. Le Plan d'une telle Claffification des Corps naturels étant une fois tracé, celui qui doit fervir de bafe à une Diftribution Syftématique des Corps petrifiés ou foffiles doit s'en écarter auffi peu qu'il eft poffible. C'eft faciliter extremement l'étude de cette Partie de l'Hiftoire naturelle, lorfque dans la Diftribution de

ces Corps l'on s'en tient à la même Classification que dans celle des Corps naturels ; & c'est alors
seulement, si cela se pratique, qu'elle devient véritablement utile.   Car c'est précisément
par-là, qu'en rapportant cette variété infinie de Corps pétrifiés aux Familles, Genres, Espèces
des Corps naturels, d'après un parallelisme des plus exacts, que l'on s'aperçoit de ces vuides
dans la connoissance de cette immense gradation des êtres naturels qui nous restent à remplir par le moyen de ces corps fossiles.   Mais c'est une chose qui n'est pas des plus faciles,
qu'une telle Reduction de ces corps fossiles ; & l'on doit avoir beaucoup d'obligations au
célèbre Mr. BECKMANN 1) d'en avoir fait des essais heureux.   La principale difficulté qui s'y
rencontre, c'est peutêtre toujours, que nous sommes encore fort éloignés d'avoir une Classification
des Corps naturels qui soit sans défauts, le Systême de Mr. de LINNÉ, quoiqu'il soit le plus usité
aujourdhui, & même, à la considérer en général, le meilleur que nous aions, étant chargé
encore de tant de défectuesités, que ce seroit toujours une base mal assûrée si l'on pensoit
y établir la Classification des Corps petrifiés.   Car aussi longtems que le Systême des corps
naturels n'est pas porté au plus haut point de perfection dont il soit susceptible, toutes les pei-
nes que l'on pourra se donner pour y accommoder la Classification des corps petrifiés, seront inutiles, puisque celle-ci ne pourra pas manquer de tomber dès que celui-la viendra
à être renversé par les Naturalistes qui viendront après nous.   Mais quand sera-ce que nous
parviendrons à un tel Systême? Lorsque nous aurons étudié la Nature de plus en plus, malgré qu'elle
soit inépuisable ; lorsque par une telle étude nous aurons trouvé enfin ce point de vûë duquel
il faut partir pour découvrir les différens degrés de perfection que la Nature a assignés à chaque espèce de ses productions, & lorsqu'à la fin, ce qui est plus à souhaiter qu'à espérer, les
Naturalistes se seront réunis à travailler à un Systême, où, partant de ce point de vûë, ils
en modèlent d'après ce plan chaque partie de manière, qu'il puisse en resulter un Total accompli.

Cependant, quoique ce soit une chose très utile, que de rapporter les corps pétrifiés à
eurs analogues naturels, l'on doit se garder de resserrer par là l'etude de ces corps fossiles
de manière, qu'elle en devienne inutile pour tout autre que pour le Zoologue ou le Botaniste,
& que l'on perde de vûë l'usage qu'on en pourroit tirer à bien d'autres égards.   Si l'on ne considère les corps pétrifiés que du côté de leur rapport avec les corps naturels, l'on rend à la vérité cette partie de l'Histoire naturelle utile & extrêmement interessante, mais ce n'est que
par un seul côté, en l'emploiant à enrichir & à completter la suite ou gradation des productions du Regne animal & végétal ; & le Minéralogue & le Cosmologue n'en tireront aucun avantage, quoique très fondés d'en attendre de fort considérables pour l'accroissement de leurs sci-
ences respectives! Qu'y a-t-il donc à faire? Il faut considérer le même corps sous plusieurs
points de vûë, & le classifier en conséquence.   De cette façon la Minéralogie & la Cosmologie ne manqueront pas d'y gagner aussi bien que la Zoologie & la Botanique.
Car pour qu'un Systême des corps pétrifiés soit accompli, il ne suffit pas, à mon
avis, que l'on puisse faire l'énumération des différentes sortes de plantes ou de végétaux dont on a trouvé les empreintes sur des pierres, en désigner les genres & les especes, ou déterminer la sorte de bois à laquelle tel ou tel morceau parmi les fossiles doit être
rapporté ; Et quant à ces derniers, l'on doit avoir soin de se régler dans leur classification sur
la nature de la substance qu'on leur trouve, & de séparer convenablement les bois qui ont été
convertis en pierre d'avec ceux qui sont pénétrés d'une substance métallique, de même que
des alumineux, des vitrioliques, des bitumineux.   Par rapport aux Plantes l'on ne doit pas se
contenter de les rapporter chacune à son genre, il faut diriger son attention sur les changemens que leur passage dans le Regne des Fossiles leur a fait subir, sur la nature des matrices
qui les renferment, si c'est une pierre fissile ou continue, si elle est de substance calcaire ou
argilleuse &c. & il ne faut pas croire que ce soient des spéculations purement inutiles! non!
nous

1) dans le *Commentario de testaceis revera fossilibus ad genera naturalia protstypeorum*; dont la première Partie
se trouve dans le second Volume des *Novi Comment. Societatis regiæ scientiarum Gottingensis*; & la seconde dans le troisième Volume du même Recueil.

nous avons eû occasion de faire voir, dans cet Ouvrage, par des exemples sans nombre, que ces sortes d'Observations ont leur usage très réel dans la Lithogénésie & dans la Cosmologie.

Je ne pretends, point taxer ces savans Naturalistes, qui, sans porter leur vûe en particu-lier sur la Minéralogie & la Cosmologie, se contentent de faire servir l'Histoire naturelle des Corps pétrifiés à enrichir & à perfectionner celle du Regne animal & du Végétal. On leur a toujours de très grandes obligations. Mais je crois, que si l'on veut qu'un jour l'on parvi-enne à cet egard à quelque chose d'accompli & à procurer un avantage réel & important à l'Histoire naturelle, l'on sera obligé d'ajouter à chaque Classe des Corps naturels les Corps pétrifiés & fossiles qui leur sont analogues, & de les réunir & combiner les uns avec les autres de maniere à n'en faire qu'un seul & même Systême. C'est ainsi qu'en a fait feu Mr. Klein avec les Echinites; & la même chose pourroit se pratiquer à l'égard de toute autre Classe, Famille, Genre des Corps naturels. Si, par ex. l'on vouloit classifier de cette façon les Co-quilles, l'on auroit trois choses à observer. En premier lieu il s'agiroit d'en dresser un Systê-me, où l'on feroit entrer non seulement les Coquilles naturelles, mais aussi les pétrifiées & fos-siles, bien entendu que ces dernieres feroient employées à remplir les vuides qui se trouvero-ent parmi les premieres, en même tems il faudroit avoir soin d'indiquer exactement, quel-les sont les différentes especes de Coquilles qui se sont rencontrées jusqu'ici egalement tant par-mi les pétrifiés ou fossiles que parmi les naturelles, quelles sont celles qui nous manquent encore parmi ces dernieres, tandis que nous les connoissons parmi les premieres, & où par conséquent la suite des Coquilles naturelles doit être suppléée par les fossiles, quelles sont en-fin les sortes qui nous manquent au contraire parmi les pétrifiées & fossiles & qui ne se font rencontrées encore que parmi les naturelles. Ce seroit une chose d'une très grande utilité. De l'Indice universel des Coquilles qui en résulteroit, il faudroit, en second lieu, en extraire deux particuliers, l'un des différentes sortes de Coquilles qui nous manquent encore parmi les Pétrifications, l'autre des Coquilles pétrifiées dont les analogues n'ont point encore paru parmi les naturelles. Ajoutera-t-on à ces Enumérations, tant générale que particulieres, une notice exacte & fidele des endroits où chaque sorte de ces corps a été trouvée jusqu'ici, l'on ne manquera pas de mettre les Connoisseurs à portée de faire mille découvertes importan-tes dans la Cosmologie, & de parvenir à des Principes généraux qui seront d'un usage très étendu dans l'étude de la Nature.

Soit donc que dans nos recherches nous n'aions en vûe que de perfectionner la Classifica-tion des corps pétrifiés & fossiles qui en font l'objet, ou que nous travaillons en même tems pour la Minéralogie & la Cosmologie, je demande: est-ce que dans la Classification de ces corps l'on doit, pour éviter toute confusion, s'en tenir encore simplement aux Systêmes que l'on a imaginés jusques-ici pour la Distribution des corps naturels? ou doit-on préférer d'évi-ter les défauts, que l'on y reconnoit? Je ne pretends point donner de direction là dessus, mais je crois, qu'il y a moien d'éviter ces défauts, sans qu'on abandonne totalement les dits Systê-mes. Qu'on les corrige! il n'est pas nécessaire qu'on les renverse! Peu à peu parviendra-t-on peut-être par des corrections sagement appliquées à faire changer de face à tout ce Systême, & à établir cet édifice sur un fondement plus solide. Que l'on me permette de communiquer ici mes idées sur la suite & l'arrangement des Productions de la Nature: l'on verra, que si je me suis écarté de ce qui a été reçû jusqu'ici, ce n'a jamais été qu'en conséquence d'une né-cessité absolue.

Lorsque la matiere brute, après avoir passé par l'état d'une substance minérale, produite par une simple aggrégation des parties, vient à être élevée par les mains de la Nature au rang d'un être organisé, ce changement est opéré par un entrelacement régulier de parties solides & fluides, il se forme en premier lieu un tissu régulier de différentes sortes de vaisseaux, de-stinés à recevoir & à distribuer les sucs qui doivent le nourrir & lui procurer cette faculté de se développer qui en opère l'accroissement, en agissant de l'intérieur au dehors, & c'est ainsi que la Nature procède dans la production des corps dont l'ensemble compose cette Classe d'Etres que nous appellons le *Regne végétal*. C'est aussi par ce Système de vaisseaux propre aux Plantes que celui-ci se distingue du *Regne minéral*, dont les productions sont formées par une simple aggrégation des parties qui les composent. Ce Système de vaisseaux vient-il par un développement ultérieur à être changé en système de nerfs, de sorte qu'outre la circulation des sucs nourriciers un corps acquiert aussi la faculté de sentir & d'avoir des perceptions, il devient ce que nous appellons un *Animal*, & l'ensemble des individus de cette Classe d'Etres s'appelle le *Regne Animal*.

Nous allons commencer par la dernière de ces Classes; mais quelle sera la méthode la plus naturelle de classifier cette immensité de corps qui s'y rapportent? comme c'est uniquement sur les différens degrés de perfection des êtres que se régle la gradation qui s'observe parmi les productions de la Nature, pour la déterminer convenablement, il n'y aura rien de plus naturel, que d'examiner d'abord si le corps qui s'offre à nos recherches est pourvu de certains membres ou non? s'il en a, quel en est le nombre? de quels sens est-il pourvu? quels en sont les organes? & quelle est la substance du corps même? si c'est p. ex. une substance mucilagineuse, charneuse, compacte, si le corps est nud, s'il est soutenu par une charpente solide (fulcrum) s'il est couvert d'une enveloppe ou d'une sorte de couverture durable, s'il est garni dans son intérieur d'un Système de parties organiques & d'os mobiles, ou non? Tout cela sont des choses sur lesquelles se fondent les différens degrés de perfectibilité que la Nature a établie parmi ses productions, ce sont des choses qui tombent d'elles-même aux yeux, ou qui nous offrent du moins des caractéres qui nous mettent en état de déterminer la place que chacune occupe dans cette immense echelle d'êtres. Lorsque nous considérerons les animaux, nous leur trouverons tantôt l'une tantôt l'autre de ces propriétés, réunies souvent dans le même sujet & plus ou moins nombreuses, mais ce qu'il y aura de plus difficile ce sera de saisir le point de vue d'où il faut partir pour apprécier au juste la valeur de chaque degré de perfection & le rang qui lui convient dans cette gradation. L'on n'aura point de peine à découvrir cette loi constante de la Nature, d'après laquelle il y a dans la perfectibilité des animaux des degrés d'ordres différens, plus élevés les uns que les autres; que les animaux, qui se trouvent placés, pour ainsi dire, sur les echellons d'un certain ordre, augmentent toujours de perfection de l'un à l'autre, que ces différences de perfection déterminent la gradation qui regne dans la marche de l'un à l'autre de ces échellons, que la Nature, passant par ces différences d'un ordre à l'autre, éléve peu à peu les animaux à des perfections d'un rang supérieur, que l'animal par ex. qui occupe l'echellon le plus bas du second ordre, manque des perfections qu'a dépassées celui qui se trouve placé au sommet du premier.

Ceci une fois posé, si l'on doit venir à bout de dresser un Système de la Nature, il sera nécessaire que les Naturalistes se réunissent à établir certains Principes d'après lesquels on puisse ranger & classifier les productions de la Nature. Il est vrai que le Système le plus accompli ne manquera jamais d'avoir ses defauts, & il en restera, aussi long tems qu'un esprit fini entreprendra de faire l'énumeration des Ouvrages de l'Etre infini, & aussi longtems que la foiblesse de nôtre entendement ne nous permetra de nous representer ce réseau, que la Nature a fabriqué, autrement que sous la forme d'une chaine.

Je hazarde de communiquer ici les Principes qu'une longue habitude d'observer les productions du Regne animal m'a apris, & lesquels je crois propres à servir de base à la Classification des corps qui ont passé de ce Regne dans celui des Fossiles.

Les voici;
Les Animaux auxquels la Nature a donné, outre un Système de vaisseaux & de nerfs, encore celui d'un assemblage d'os ou une charpente osseuse, recouverte de chair & d'une peau qui l'enveloppe, sont sans contredit & à tous égards des Etres plus parfaits que

ceux

ceux auxquels la Nature l'a refusé. A' les confidérer en partant de ce point de vuë, les Animaux fe divifent en deux Claffes, l'une renferme ceux qui manquent d'un tel Syftème d'os, l'autre ceux qui en font pourvûs.

Nous traiterons en premier lieu de ceux de la première Claffe. L'on trouve parmi ces animaux une variété prodigieufe, les uns font d'une fubftance gélatineufe, les autres font charneux, le corps en eft tantôt recouvert d'une enveloppe, tantôt non, les uns ont des membres, les autres n'en ont point, s'ils font pourvûs de fens & de leurs organes, les uns en ont plus, les autres moins. Les Principes, qui pourront nous guider dans la diftribution des animaux de cette Claffe font les fuivans : 1) Des animaux qui n'ont point d'organes des fens, ou qui n'en ont que peu, ne fauroient jamais être dits auffi parfaits que d'autres qui en ont, ou qui en ont d'avantage. 2) Des Animaux que la Nature a pourvûs de membres, font plus parfaits que ceux auxquels Elle les a refufés. 3) Des Animaux dont le corps eft d'une fubftance mucilagineufe ou gélatineufe, font moins parfaits que ceux d'une fubftance charnue & plus compacte, & auxquels on trouve auffi un plus grand nombre de membres & d'organes.

Ceci étant, les Zoophytes p. ex. ou Plantes-Animales feront moins parfaites que les Vers. Nous paffons fous filence les Animaux que l'on connoit fous les noms de CHAOS & de PROTEUS, moins parfaits encore que les Plantes-Animales, d'autant plus qu'il s'agit ici proprement de la Claffification du Regne des Pétrifications auquel ces créatures n'ont aucune part. 4) Des Animaux nuds, d'une fubftance mucilagineufe ou gélatineufe, font moins parfaits, que d'autres de même fubftance, & à la fureté & à la confervation desquels la Nature a pourvû par quelque foutien ou appui, (*fulcrum* ;) d'où il s'en fuit, que les Zoophytes moux, comme p. ex. le *Volvox*, les Faux-Polypes, les Polypes à bras, font moins parfaits, que ceux auxquels des corps d'une fubftance plus folide fervent de foutien. Et la perfection plus ou moins grande de ce foutien (*fulcrum*) détermine le degré de perfection de l'animal auquel il eft attaché. Et come 1) un foutien immobile, tant dans fes parties que dans fon total, incapable par conféquent de changer de place, eft moins parfait que celui, que l'animal peut mouvoir à fon gré, & changer avec lui de place, il s'en fuit encore, que parmi les Animaux, qui font pourvûs d'un foutien, les uns font moins parfaits que les autres, qu'ainfi p. ex. les Corallines, les Kératophytes, les Lithophytes mêmes, ne pouvant pas mouvoir leurs foutiens, font moins parfaits que les Alcyons & les Encrinites, lesquels à leur tour le font moins que la Plume-marine qui peut fe transporter & changer de place avec fon foutien. Je crois auffi, 6.) que c'eft le degré de perfection de la fubftance qui compofe ces foutiens, qui détermine la gradation qui regne parmi ces animaux mucilagineux à foutiens immobiles ; de forte que p. ex. les Eponges, les Cellulaires, les Tubulaires, les Sertulaires, doivent être regardées comme moins parfaites que les Corallines, parceque celles-ci font pourvûés de foutiens d'une fubftance plus compacte & plus folide que celles-là, qui n'ont pour tout appui que quelques poils, quelques floccons, ou une forte de fimple membrane. Ces Corallines font à leur tour moins parfaites que les Gorgones ou Kératophytes, qui ont des foutiens d'une fubftance qui reffemble à celle de la corne, & celles-ci n'arrivent pas à la perfection des Lithophytes, que la Nature a munis des foutiens les plus folides. L'on pourroit à la vérité m'objecter ici, que ce feroit plutôt la perfectibilité de l'Animal même, que la nature de fon foutien, qui devroit fervir de bafe, lorsqu'il s'agit d'en etablir la gradation ; mais comme ce n'eft pas fans raifon que la durabilité eft comptée parmi les perfections d'un animal, que celle-ci depend en quelque façon de la durée plus ou moins grande de fon foutien, que ce foutien fait une partie effentielle du Polype, qu'outre cela nous ne parviendrons jamais à difcerner parfaitement les nuances qui fe trouvent dans la perfectibilité de ces animaux mucilagineux, que dans une telle Claffification il eft plus naturel de fe diriger principalement d'après des caractères qui fe rencontrent conftamment dans les corps qui en font l'objet, & qu'enfin l'on fuit le même procédé dans la Claffification des Coquilles, que l'on aime toujours mieux claffer d'après la forme & la nature de leur test, que d'après la Zoomorphose ou la forme & la nature des animaux qui les habitent; à ces considerations se joint encore celle de l'imperfection & des defauts auxquels toutes nos Classifications seront sujettes, & c'est ce qui achève de me persuader, qu'il ne sera pas mal fait, si dans la Classification de ces Plantes-animales j'aurai regardé principalement à la nature de leurs soutiens.

Les Vers sont des Animaux plus parfaits que ces Plantes-Animales dont nous venons de parler. Le corps charneux des Vers est d'une substance plus compacte & plus solide, que le corps mucilagineux de ces dernières, or que celui-là doive être regardé comme plus parfait que celui-ci, c'est une chose qui est évidente, parce que la Nature, lors qu'elle veut exalter quelque matière à des degrés supérieurs de perfection, employe toujours des corps fluides, & les fait passer par différentes sortes de gradation à l'état de corps plus compactes & plus solides, ce de quoi la génération des Animaux nous offre tous les jours des preuves. Le corps charnu du Ver approche déja par sa forme plus de l'Animal, que celui de la Plante-Animale; à des vers de l'organisation la plus simple l'on a decouvert de nos jours des traces de l'organe de la vue, & ils sont pourvûs de plusieurs membres que l'on ne trouve point aux Plantes-animales, ne fût-ce que quelque paire de tarses à poils, d'antennes, de barbillons. Ils ont outre cela la faculté de se transporter à leur gré d'un endroit à l'autre, quoique l'on en voie qui n'en usent point ou qui ne s'en servent que très rarement. Mais avec tout cela ces vers sont à leur tour moins parfaits que les Insectes. L'on ne leur voit point d'étranglemens, point de parties saillantes, qui en divisent le corps en plusieurs portions, tandis que l'on distingue aux derniers la tête, le corcelet, le ventre, &c. Les Insectes ont des organes propres aux sens & des membres, dont les vers sont depourvûs, toute la structure du corps des premiers est moins simple que celle de ces derniers, & tandis qu'à l'egard de la propagation de leur espèce & de leur réproduction, ceux-ci se trouvent analogues aux plantes, ceux-là au contraire se propagent à la manière des animaux. De là il s'en suit que dans l'échelle des êtres du Regne animal après les Plantes-animales doivent être placés immédiatement les Vers, & après ceux-ci les Insectes.

Si nous considérons l'Oeconomie de la Nature, nous trouverons toujours, que dans la formation des corps elle tient constamment, pour ainsi dire, cette marche, que de substances fluides elle forme des corps mous & charneux, de ceux-ci des cartilagineux, qui sont convertis à leur tour en corps encore plus durs, que nous désignons du nom d'os. Nous observerons outre-cela que lors qu'elle veut exalter ces productions animales à des degrés de perfection plus relevés, elle combine des parties dures avec des molles & des fluides, & en compose un total plus parfait. Nous l'avons observée déja, cette loi de la Nature, en considérant les Plantes-animales, nous avons remarqué qu'aux moins parfaites elle ne donnoit qu'un corps d'une substance gélatineuse, tandis que dans la formation de celui des plus parfaites elle combine ensemble des parties molles & solides de la manière la plus adroite. D'après ce que je viens de dire, je me crois fondé de conclurre, que les Vers à corps nud doivent être regardés comme moins parfaits, que ceux qui sont revêtûs de quelque enveloppe, & que c'est de la perfection plus ou moins grande de cette enveloppe que depend le degré de perfection de l'animal qui en est revêtu. Car si, comme nous venons de le prouver, être revetû d'une enveloppe est déja en lui-même un pas de plus vers une perfection plus grande, il faut bien que l'animal dont l'enveloppe est plus parfaite que celle d'un autre, soit plus parfait que ce dernier. Or, qu'est-ce sur quoi il faut diriger son attention pour déterminer en général la perfection de ces enveloppes? Je crois, que c'est la solidité & la durabilité des substances qui les composent. Principe dont je tire les conséquences suivantes: un Ver nud est un être moins parfait qu'un autre qui est revetû d'une enveloppe; la peau cartilagineuse qui revêt l'Etoile de mer, est moins parfaite que la coque crustacée, poreuse à la verité mais beaucoup plus solide, de l'Oursin de mer; & cette

dernière

dernière n'a pas la perfection du Test d'une Coquille, confideré en général; de forte que celui de la coquille la plus mince l'emporte fur la couverture de l'Ourfin. 1)

Contemple-t-on maintenant les Vers en partant de ce point de vuë, il fe trouvera que, dans la gradation de leur perfection les Vers nuds doivent occuper le plus bas degré, ceux qui font revètûs de quelque enveloppe, un degré plus élevé, & que parmi ces derniers la première place doit ètre affignée aux Etoiles de Mer, la feconde en montant aux Ourfins de Mer, & la troifième aux Coquilles. Que l'on ne m'objecte point, que les Ourfins font garnis de pointes mobiles qui les aident à changer de place. Des pointes ne font pas des pieds, & un limaçon revètû d'une coquille, qui peut fe transporter & changer de place à l'aide de fes membres, eft à tous égards un animal plus parfait qu' un Ourfin, qui a de la peine à fe traîner ou à fe rouler fur les piquans, & n'en vient peut-être pas même à bout fans un fecours étranger, c'eft à dire, celui de l'agitation de l'eau qui l'environne.

Que les Infectes foient des animaux plus parfaits que les Vers, c'eft ce qui a déja été prouvé ci-deffûs; toute leur organifation fait voir une perfection fupérieure à celle du corps d'un ver, qui n'offre quafi qu'une fimple maffe de chair. N'eft-ce pas un plaifir fenfible de voir, comment la Nature, parmi tant de productions & des productions fi variées, fuit toujours le même plan dans les progreffions & les nuances des êtres, qui fe rapportent à un même ordre de perfection? Parmi les Infectes, nous en trouvons également, comme parmi les Plantes-animales & les Vers, des nuds, des revetûs & d'autres qui font couverts d'une écaille. Et comme cette Claffe d'Animaux eft d'un ordre de perfection fupérieur à celui des Vers à écaille, la couverture des premiers, étant la plûpart compofée d'un grand nombre d'articulations, eft auffi d'une ftructure beaucoup plus organifée que celle des derniers; d'où il s'en fuit, que les Infectes à couverture écailleufe doivent être regardés comme plus parfaits, que ceux à corps nuds; & l'Ecreviffe occupe dans la gradation des perfections un rang plus élevé, que le Perce-Oreille, le Scarabé, le Papillon.

Lorsque parmi un nombre d'êtres, qui font d'un même ordre par rapport à leur perfection, la Nature refufe à une partie certaines perfections d'un moindre grade, qu'elle accorde à l'autre, elle l'en dédommage par d'autres qu'elle lui donne; mais qui ne laiffent pas d'être également des perfections d'un grade fubordonné, puis qu'elles font uniquement relatives à l'endroit qui eft affigné à un tel corps pour fa demeure, & à fa deftination. De là vient, que dans la Claffe des Infectes, l'avantage d'avoir des Ailes ne fauroit être regardé que comme une perfection d'un grade fubordonné, de forte cependant, que ceux qui en jouiffent font toujours cenfés plus parfaits que ceux qui n'en ont point. Les Infectes nuds fans ailes font par conféquent moins parfaits, que ceux qui en ont, & les uns & les autres le font moins que ceux qui, quoique dépourvûs d'ailes, fe trouvent recouverts d'enveloppes cruftacées.

Si le Plan que la Nature fuit dans la gradation de fes Productions, eft tel que je me le repréfente, la difpofition des Infectes dont je viens de tracer l'esquiffe, ne fauroit manquer d'être jufte. L'Araignée, le Cloporte, le Jule, font donc moins parfaits, que les Infectes ailés, & ceux-ci le cèdent à leur tour à l'Ecreviffe & à tous les autres Infectes cruftacés. La peau qui enveloppe les Infectes ailés, eft molle chès les uns, dure & roide chès les autres. Une enveloppe dure place l'infecte qu'elle recouvre, fur l'echelle des perfections, d'un échelon plus haut que ceux qui n'en ont point. Parmi les Infectes ailés, les Diptères, qui ont tous généralement la peau molle, occuperoient ainfi la marche la plus baffe, à leur côté feroient placés ceux à quatre ailes & à peau molle, en premier lieu les Neuroptères, enfuite les Hyménoptères, & après ceux-ci feulement les Lepidoptères ou Papillons à ailes couvertes de plumes. La marche la plus élevée feroit occupée par les Coléoptères

B 2

ou

1) Je n'ignore pas que les Ourfins de mer font garnis de certains offelets, mais ce n'eft pas un Syftème d'os qui faffe une charpente propre à étaier les membres de l'animal; de forte qu'ils différent en cela totalement des Animaux que la Nature a pourvûs d'une telle charpente.

on Infectes à ailes couvertes d'étuis durs, d'autant plus que la peau qui en revêtit le corps
ertier, est d'une substance beaucoup plus dure & forte, que chès aucune autre forte d'
Infectes.

Quand la Nature a conduit ces animaux destitués d'os par des marches différentes à
des degrés d'une perfection supérieure; quand Elle a pourvû d'un Système de vaisseaux &
de nerfs, des animaux dont elle a changé la substance de mucilagineuse en charneuse &
compacte; quand Elle en a revêtu le corps simple & nud d'une enveloppe; quand par une
organisation plus parfaite, elle les a pourvûs de parties distinctes, de membres, d'organes
des sens, & revêtus enfin des corps exaltés de cette façon d'une peau dure, qui la dé-
dommagent de la charpente solide qu'elle lui a refusée, d'une enveloppe sous laquelle leurs
membres auroient tous les mouvemens que demande le grade supérieur de perfection auquel
elle vient de les élever: L'on peut dire qu'elle a conduit ses productions par tous les degrés de perfection dont des corps destitués d'os pourroient être susceptibles, & l'on ne sauroit concevoir, dans cette partie de la grande échelle des êtres naturels, d'échelon qu'Elle
eût depassé. Que l'on se représente maintenant, comment, à des productions animales,
pourvûes d'un Système de vaisseaux & de nerfs, elle commence à donner une charpente ou
système d'os, avantage qui les exalte à un degré de perfection supérieur. Qu'il est beau
de voir ici la marche de la Nature, comment elle monte d'un ordre de perfection à l'autre,
d'un grade à l'autre! En premier lieu elle nous offre des corps qui sont formés par une simple aggregation, sans aucun Système de vaisseaux, sans os. Sur les confins de ceux-ci elle en
place d'autres, qui, par leur tissu fibreux, prouvent suffisamment, qu'elle fait organiser
la matière brute, convertir un amas de molécules simplement aggrégées en fibres & en former des Systèmes de vaisseaux. Elle conduit les corps organisés de cette façon par tous les
degrés possibles de perfection, jusqu' à celui où elle commence a convertir leur système
de vaisseaux en tissu irritable, & à lui communiquer la faculté de sentir les impressions qui
leur viennent des objets qui les environnent. Sur les bornes, où elle passe insensiblement
& comme à la dérobée d'un Regne à l'autre, elle place des Plantes sensitives; ensuite elle
vient aux Plantes-Animales, qu'elle laisse se multiplier & se reproduire à la manière des Végétaux, leur ajoutant cependant un nouveau degré de perfection, en leur donnant des soutiens (fulcra) immobiles; après cela elle fait changer de forme à ses productions, de celle
des végétaux elle les fait passer à celle des animaux, d'abord elle leur laisse encore une
manière de se multiplier & de se reproduire analogue à celle des Végétaux, combinant de
cette façon des Végétaux de nature animale avec des Animaux de nature végétale, en exalte ensuite les perfections, en leur donnant des enveloppes, des couvertures, des écailles,
& comme parmi les premiers elle détermine les différens degrés de perfection de leurs soutiens par le plus ou le moins de force & de durabilité qu'elle leur donne, elle fait aussi la
même chose à l'égard de ces derniers, des Animaux qui jouissent de la faculté de se reproduire à la manière des Plantes. Ces créatures semblent être, pour ainsi dire, la première
ébauche d'une génération animale, dont le premier degré est peut-être celui qui produit
les Animaux hermaphrodites, tels que sont p. ex. les Limaçons. De ces Animaux de nature
végétale elle passe à des productions plus parfaites, à des Animaux d'une organisation plus
régulière & auxquels elle donne un plus grand nombre de sens. A-t-elle distingué aupa-
ravant le premier ordre par des soutiens, (fulcra) le second par des enveloppes immobiles,
tant cartilagineuses que d'une substance plus solide, & en particulier des couvertures écail-
leuses, elle fait la même chose aussi à l'égard de ceux-ci, mais d'une manière plus parfaite, par des cuirasses, ou des enveloppes mobiles, dures, telles que nous voyons aux Coléoptères qui sont recouverts d'étuis durs, & à toute la nombreuse famille des Crabes et
des Ecrevisses. Cependant a tous ces Genres d'Animaux, si bien partagés par la Nature de
différentes fortes de perfections, & pourvûs de systèmes de vaisseaux & de nerfs, Elle a refusé la charpente ou le Système d'os qui en étoit l'intérieur. Avantage reservé aux Animaux
                                                                                            qui

qui vont paroître maintenant fur la Scène! Animaux, parmi lesquels on ne découvre pas moins de variété dans leurs différens degrés de perfectibilité, que parmi ceux que nous avons confidérés jusques ici. Pour pouvoir difcerner ces degrés & établir la fuite ou gradation de ces Animaux à charpente offeufe, nous devons nous attacher à certains principes, de la même manière que nous l'avons fait par rapport à ceux qui en font deftitués. Ces Principes pourroient être les fuivans: 1.) Des Animaux deftitués de membres font moins parfaits que ceux qui en ont, les Serpens, par conféquent, font des Animaux moins parfaits, que les Poiffons, auxquels les nageoires fervent de membres. 2.) Un nombre plus grand de Sens emporte un grade plus élevé de perfection, de là vient que les Serpens & les Poiffons font des Animaux moins parfaits que les Oifeaux & les Quadrupèdes. 3.) Des Animaux apodes ou deftitués de pieds, font moins parfaits que ceux qui en ont; & ceux qui ont des membres dont il puiffent fe fervir en place de pieds, doivent être regardés comme des animaux plus parfaits que ceux qui manquent encore de ce fecours. Ceci étant ainfi, les Serpens, qui, de tous les Animaux à charpente offeufe, ont le corps le moins organifé ou de la ftructure la plus fimple, occuperont le grade le plus bas, au fecond en montant feront placés les Poiffons, après ceux-ci viendront les Oifeaux, & enfuite les Quadrupèdes. 4.) Ceux de ces Animaux dont la charpente, au lieu d'offeufe, n'eft que cartilagineufe, font moins parfaits que ceux qui l'ont d'une fubftance plus forte ou plus folide. D'où il s'en fuit, que les Poiffons cartilagineux font moins parfaits que les épineux. 5.) La ftructure d'un Oifeau, garni de deux pieds & de deux ailes, eft moins parfaite, que celle d'un Quadrupède. 6.) Les pieds à doigts palmés ou réunis par une membrane étant moins parfaits, que ceux dont les doigts font détachés, comme l'on voit aux Oifeaux, cette différence établit auffi un grade de perfection plus élevé parmi les Quadrupèdes, d'où il vient, que 7.) ceux à doigts palmés font cenfés moins parfaits, que ceux dont les doigts détachés, impropres à fervir de nageoires, font faits pour le vol, & même pour celui-ci plus que pour la marche, de forte que les Quadrupèdes ailés, tels que la Chauve-fouris, le Chien-volant, &c. font regardés comme moins parfaits, que ceux dont les pieds font faits d'une manière qui leur donne une demarche affurée & régulière. 8.) Parmi les Animaux dont les pieds font faits pour la nage, l'on diftingue ceux qui les ont en forme de fimples nageoires, de ceux qui ont des doigts réunis par une membrane, & les premiers font regardés comme moins parfaits que les derniers. Ainfi le Veau marin, le Morfe, l'Ours marin, le Lion marin le cèdent du côté de la perfection, à la Grenouille, au Lezard, à la Tortuë, à la Loutre, au Caftor, &c. Des Animaux à doigts réunis par une membrane, les uns ont le corps tout à fait nud, moins parfait par conféquent que les autres qui l'ont recouvert de quelque enveloppe. De là vient que les Grenouilles & les Salamandres font des Animaux moins parfaits, que ceux dont le corps eft couvert, ou d'écailles, comme celui des Lezards & des Crocodiles, ou d'une cuiraffe comme celui des Tortuës, ou enfin de poils, comme l'ont la Loutre & le Caftor. Parmi ceux des Quadrupèdes auxquels la Nature a donné des pieds faits pour la marche, ceux qui ont des doigts, paroiffent l'emporter du côté de la perfection, fur ceux qui ont des ongles. Nous paffons fous filence les différens degrés de perfection qui fe rencontrent tant parmi les uns que parmi les autres, & qui font en trop grand nombre pour être detailles ici. D'après les Principes que je viens d'expofer, & qu'il ne feroit pas difficile d'étaier de leurs preuves, s'il étoit néceffaire, le Regne Animal, dans fa Totalité, y compris les Animaux foffiles auffi bien que les naturels, peût être claffifié de la manière fuivante:

<table>
<tr><td>A. Productions du Regne Animal dans leur état naturel.</td><td>B. Productions du Regne Animal qui ont paffé au Regne des foffiles.</td></tr>
</table>

1. Animaux deftitués de charpente offeufe.

1.) Plantes-Animales.
  1. Nuds, Zoophytes moux. *Zoophyta mollia*, auxquels le Regne des Foffiles a

aussi peu de part, qu'à ces Ani-
malcules imparfaits que l'on défigne
du nom de *cahotiques*.

   Classe 2. Zoophytolithes.

2. *Zoophytes a foutien*; ces foutiens,
& les parties qui les compofent,
font frequentes, parmi les depouil-
les du Regne des Foffiles.

3) Vers

  1. nuds

   Classe II. Helmintholithes.

  2. recouverts,
   d'une couverture

    α) cartilagineufe

     Classe III. Stellites, Etoiles de mer pétri-
     fiées ou foffiles.

    β) de fubftance calcaire, folide, mais
    en même tems poreufe.

     Classe IV. Echinites.

    γ) teftacée, dure

     Classe V. Coquilles pétrifiées ou foffiles.

3) Infectes

  1. nuds, à peau, molle chés les uns,
   dure chés les autres

   Classe VI. Entomolithes.

  2. recouverts, d'une enveloppe cruf-
   tacée

   Classe VII. Grammarolithes.

   11. Animaux à charpente offeufe, ou Syftéme d'os qui en étaie l'intérieur.

4) Serpens. Il eft indécis encore fi
l'on en a rencontré parmi les dépouilles du Regne des Foffiles. Si dans
la fuite l'on viendra à en découvrir
des morceaux, qui ne foient point équi-
voques, on les placera, fous le nom
d'Ophiolithes, entre les Gammarolithes
& les Ichthyolithes.

5) Poiffons, tant cartilagineux, qu'épineux   Classe VIII. Ichthyolithes.
6) Oifeaux   Classe IX. Ornitholites.
7) Quadrupèdes   Classe X. Tetrapodolithes.
8) Hommes   Classe XI. Anthropolithes.

A ces onze Claffes nous rapporterons toutes les Pétrifications du Regne Animal, en
autant de Tables, où les gradations qui fe rencontrent dans chacune de ces Claffes, nous fer-
viront toujours de guide. Il auroit été facile, en faifant l'énumération des genres, d'ajouter
les différentes efpéces qui s'y rapportent, avec leurs variétés, fur tout dans la Claffe des Coquilles, mais comme, dans le Corps de l'Ouvrage que nous venons de mettre au jour, nous
avons eû foin de déterminer toujours le genre auquel chacun de nos corps foffiles apparte-
noit, & comme outre cela l'on y trouvera toujours fans la moindre difficulté les defcriptions
qui fe rapportent aux Figures indiquées dans les Tables, & pour ne pas être trop long dans
ces dernières, nous avons crû pouvoir nous en difpenfer. Pour éviter toute Confufion, nous
nous fommes attachés conftamment, à la Claffification une fois adoptée, dans la feconde Partie de cet Ouvrage, furtout par rapport aux Coquilles, quoique nous aimerions maintenant
mieux voir les Planites placées parmi les Cochlites, ou Coquilles foffiles en fpirales, que parmi les Conchites.

   Quant à la Claffification des productions du Regne végétal qui ont paffé dans celui des
Foffiles, & dont il nous refte quelques peu de mots à dire, il feroit, a nôtre avis, impoffi-
ble, & même abfurde, fi l'on vouloit s'y attacher ftrictement au Syftême de Mr. DE LINNÉ.
L'on doit féparer abfolument les Bois pétrifiés des Plantes proprement-dites, & celles-ci, con-
fiderées comme telles, des Fruits, fi l'on en trouve, à moins que l'on ne veuille tomber dans
une abfurdité fcholaftique des plus groffières. Et ce qui plus eft, il nous faut féparer encore

les Plantes proprement-dites des Fleurs, des Gramen, des Mouffes, des Joncs, des Cannes.
Et vouloir claffer même ce que nous appellons proprement Plante, d'après le dit Syftême?
ou quel autre que ce fût, ce feroit une peine inutile, vû le petit nombre que l'on en trouve
parmi les Foffiles, & les grandes lacunes qui en refulteroient dans toute Claffification. Si l'on
confidère, combien peu les caractères que le Syftême de Mr. DE LINNÉ fuppofe, fe laiffent
appercevoir aux Plantes qui ont paffé dans le Regne des Foffiles, l'on fentira facilement, combien il feroit ridicule, de ne pas s'attacher aux différences que nos yeux nous font appercevoir, en nous apprenant à diftinguer un morceau de Bois pétrifié, un Rofeau, une Plante,
un Fruit, une Gouffe, &c. l'un de l'autre. Et voilà nos idées touchant la Claffification des Corps
foffiles du Regne végétal, que nous avons fuivies, fans prétendre en aucune manière d'obliger quelqu'un à s'y attacher de même. Les Plantes, dont le nombre eft certainement très
petit, en comparaifon de la quantité prodigieufe des plantes naturelles, ont été laiffées la
plûpart dans le même ordre dans lequel elles s'étoient préfentées fur les Planches, & des autres, dont nous n'avons point eû de copies, il n'a pas même été fait mention dans les Tables.
Il n'y en a pas même une douzaine, en y comprenant même celles que d'autres Auteurs ont
eû foin d'indiquer, & que nous n'avons pas manqué de rapporter également dans nôtre Commentaire; mais que feroit-ce en comparaifon de ce nombre prodigieux de Plantes naturelles
que nous connoiffons? & comment les rédiger d'après un Syftême tel que nous fuivons, dans
la Claffification de ces dernières? Cependant, fort éloignés de vouloir obliger quelqu'un de
s'attacher à nos idées, nous ferons toujours dociles à recevoir des directions fur ce fujet.

TABLES
SYSTÉMATIQVES
QVI OFFRENT
LA CLASSIFICATION
DES CORPS
DONT IL EST FAIT MENTION
DANS CET OUVRAGE.

PETRIFICATIONS
du
REGNE ANIMAL

I. ZOOPHYTOLITHES.

à Cette Claſſe ſe raportent	Partie	Chap.	Page.	Planche.
I. Les Eponges. (*Spongiæ*)				
1. l'Eponge en forme d'Entonnoir. *Spongia crateriformis* de PALLAS	2	10	36	
2. l'Eponge commune des Droguiſtes, (Spongia officinalis)	2	10	36	
3. l'Eponge à tuyaux (Spongia tubuloſa) quoique douteuſe encore.	2	10	36	
4. la Typha, une forte d'Eponge rameuſe	1	10	37	
II. Les Corallines. De celles ci l'on n'a point trouvé encore, parmi les foſſiles, de nombre ſuffiſant, en morceaux bien conſervés, pour pouvoir les rapporter avec quelque certitude à leurs genres naturels & les claſſifier en conſequence.	2	10	29	
			30	
	3	4	155	
			169	P. III. Suppl. VII. f. No. 2.
III. Les Kératophytes ou Lithophytes, (Gorgoniæ & Antipathes).				
A) Les Kératophytes en réſeau, (Ceratophyta reticulata, retiformia) principalement *l'Eventail de Mer.* (Gorgonia flabellum)				

mifées

	Partie	Ch.	Pag.	Planche.
1.) sans cloison ; *Tubularia fossilis.*	—	—	—	
2.) avec des cloisons. - -	—	—	15	
3.) à tuyaux droits & parallèles entaillés les uns sur les autres, par étages séparés par des lames, transversales, *les Orgues de mer.*	3	4	16	P. III. Suppl. VI. I. N. 1.
4.) à tuyaux parallèles arrangés en forme de chaine ; *Tubularia catenulata.*	2	10	16	P. II. Pl. F. IX. N. 1. 2. 3. — Pl. F. IX. * N. 4. P. III. Suppl. VI. a.
5.) composées de tuyaux qui partent d'un même centre & forment en divergeant une masse hémisphérique ; *Globus corallinus fistulosus.* - - -	—	—	16 16	P. III. Suppl. VI. b. No. 1.
6) à tuyaux ronds, en partie tortus, & irrégulièrement amassés.	2	10	17	
b) à tuyaux striés. - - -	2	10	17	P. III. Suppl. VI. c.
	3	4	161	
	—	—	166	
7) de forme hémisphérique composées de tuyaux divergeans, partans d'un même centre, & à circonférence crenelée, *Tabularia fungi formis poris crenatis.*	2	10	17	
8) à tuyaux parallèles. - -	2	10	18	
c) à tuyaux terminés par des étoiles, qui se font apercevoir sur la surface, semblables à celles des Astroites, mais entourées chacune d'un bord.				
9) à étoiles parallèles. - -	2	10	18	
10) à tuyaux qui, partant d'une base commune, forment en s'écartant les uns des autres une masse hémisphérique ; *Madrepora caryophyllites de Pallas.* -	2	10	18	P. II. Pl. G. I. * N. 2.
d) à tuyaux polygones : *Tubularia tubis angulosis.*				
11) composées de tuyaux à quatre pans, *tubis tetragonis.*	—	—	—	
12) — de tuyaux pentagones, *tubis pentagonis.*	—	—	—	
13) — de tuyaux hexagones, *tubis hexagonis.*	—	—	—	
C. Les Rétéporites, Escharites. -	2	10	19	
	3	4	163	
a) de forme indéterminée. - -	—	—	167	

1) à pe-

	Partie	Ch.	Pag.	Planches.
1) à petits points fymmétrique-ment difpofés, *Efchara linteiformis.*	2	10	19	P. II. Pl. F. VII. N. 1. 2. & fuiv.
2) à grands pores tantôt réguliers tantôt irréguliers, *Efchara lutofa.*	—	—	—	
b) de figure déterminée.				
3) à feuilles étroites. - -	2	10	20	P. II. Pl. F. VII. 6.
4) à larges feuilles contournées, femblables aux feuilles de chou.	—	—	20	
D. Les Fongites. - -	2 3	10 4	20 164	
a) Fongites lamelleufes.				
1) de forme ronde, convexes & bombées en deffus, & concaves en deffous, *Madrepora Fungites* de Pallas. Il y en a plufieurs fortes, parmi lesquelles il faut rapporter auffi les Fongites en forme de chapeau, *Fungitae pileati* & les *Forpites.*	—	—	23	P. II. F. 3. N. 1. 6. 7. — F. III. a. N. 1. 2. 4. P. III. Suppl. VI. No. I. 2. b. — Suppl. VI. * N. 4--7. — Suppl. VI. d. No. 5.
2) de forme hémifphérique, bombées en deffus & plattes en deffous. - - -	—	—	23	P. II. F. 3. N. 5.
3) de forme ronde, à bafe large & concave. - - -	—	—	23	P. II. F. 3. N. 3. 4. — Pl. I. 1. N. 1. & fuiv.
4) — à bords contournés & repliés en dehors. - -	—	—	24	
5) à rebords quarrés. - -	2	10	24	
6) Fongites à pédicule allongé la plùpart de forme conique, & à chapeau de largeur moyenne & concave, *Hippurites.* - -	—	—	24	P. II. Pl. F. X.
7) Fongites compofées de lames arrangées en forme d'ondes, *Méandrites.* - -	—	—	25	P. II. Pl. F. III. a. Nr. 3. — Pl. F. VIII. N. 2. 3. 4. 5.
b) Fongites feuilletées. Les feuillets qui compofent ces Fongites, ne font pas pofés les un à côté des autres & dans une certaine direction, mais couchés les uns fur les autres. - -	—	—	—	P. II. F. II. No. I. & fuiv. — F. IV. No. 1. 2. 5. — F. IV. a. N. 1. 2.
1) d'un tiffu régulier. - -	—	—	25	P. III. Suppl. VI. d.
2) d'un tiffu irrégulier. - -	—	—	—	

3) Fon-

E

l) à grands

Comme

	Partie.	Ch.	Pag.	Planche.
Comme nous ne rapportons point les Encrinites & les Pentacrinites au genre des Pennatules, les foffiles qui appartiennent à ce dernier, ne fauroient, du moins autant que l'on en connoit aujourdhui, fe reduire qu'à très peu de chofe. - - -	2	3	165	

II. VERS PÉTRIFIÉS

Helminthbolithes.

	Partie.	Ch.	Pag.	Planche.
I. Vers de terre pétrifiés - - -	1	11	125	P. I. Pl. XII.
	—	—	147	
	2	16	251	
II. Vers de Mer péttrifiés; le Foffile en forme de Ver des environs de Maftricht, qui pourroit peut-être devoir fon origine à la *Myxine glutinofa de Mr. de Linné*	1	11	148	P. III. Suppl. X. b. No. 5. & 6.
II. Des Larves d'Infectes, des Chenilles, & d'autres de ces fortes de Vers - - -	1	11	148	P. III. Suppl. VI.* No. 8 — 17

III. STELLITES,

OU

Etoiles de mer pétrifiés.

	Partie.	Ch.	Pag.	Planche.
I. Etoiles de Mer à rayons fendus, *Stella fiffa.*				
A. de celles dont les rayons font au deffous de cinq, l'on n'a point encore découvert de trace parmi les foffiles				
B. à cinq rayons - -	—	—	—	P. III. Suppl. VI.* Nr. 8 — 17. P. II. Pl. I. No. 1. 2. 3.
1) Pentagonafter femilunatus	2	17	261	P. III. Suppl. VII. No. 9.
2) Pentaceros reticulatus - -	2	17	261	
3) Aftropecten - -	2	17	261	P. III. Suppl. VII. 6. No. 3. 4.
4) coriacea pentangula.	2	17	261	
C. à plus de cinq rayons - -	—	—	—	
5) decactis - -	2	17	261	P. III. Suppl. VII.* N. 8 — 17.
II. Etoiles de Mer à rayons entiers, *Stella integra.*				
A) à rayons vermiformes, liffes, *Stella vermiformes.*				

F

6) Stella

IV. OURSINS PÉTRIFIÉS

Echinites.

3. Variolatæ,

V. Coquil-

V. COQVILLES PÉTRIFIÉES ET FOSSILES.
Conchyliolithes.

A. Conchites	Partie.	Ch.	Pag.	Planche.
I. Vnivalves,				
1. Lepadites ou Patellites	—	—	—	P. II. Pl. N. No. 1. 2. 3. 4.
2. Planites ou Haliotites, *aures marina*				
II. Bivalves,				
1. Difcites,				
2. Manteaux, Coquilles de S. Jacques,	2	4	56	P. II. Pl. B. Pl. B. I. No 1. 2. 8. 9. 10.
				P. II. Pl. B. I. c. No. 1. 2. 3. 5.
				— Pl. D. III. a. No. 3.
				— Pl. K. II. No. 1. 2. 3.
				P. III. Suppl. V. c. N. 6.
3. Pectinites & Pectonculites	2	4	73	P. II. Pl. B. II. No. 3.
				— Pl. B. III. No. 1. 2.
				— Pl. B. III. a. No. 1.
				— Pl. K. II. No. 4.
				P. III. Suppl. V. d. N. 4.
4. Camites	2	4	58 & suiv.	P. II. Pl. B. I. No. 3. 4. 5. 7.
				P. II. Pl. B. I* No. 1. 2. 3.
				P. II. Pl. B. I. b. No. 4.
				— Pl. B. I. c. No. 4. 6.
				— Pl. B. I. d. No. 4.
				— Pl. B. I. e. No. 1. 2.
				— Pl. B. II. b.
				— Pl. B. II. b. ** No. 3.
				— Pl. B. II. c. No. 86.
				— Pl. B. II. d.
				— Pl. D. II. No. 3. 4.
				— Pl. D. III. No. 7.
				— Pl. D. III. b. No. 5. 6.
				— Pl. K. II. No. 6.
5. Boucardites	—	—	—	P. II. Pl. II. 1. N. 6.
				P. III. Suppl. V. d. N. 3.
6. Coeurs, Cardites	2	4	62	P. II. Pl. B. I. a. No. 1. 2. 4.
				— Pl. B. b. N. 1. 2. 3.
				— Pl. B. II. a. N. 1 — 5.
				Pl. B. II. b*. No. 4. 5.
				— Pl. B. V. N. 1. 2.
				P. III. Suppl. V. a. N 4. 5.
				— Suppl. V. c. No. 1.
7. Conques de Venus	2	4	63	P. II. Pl. B. I. a. No. 3. 4. 5 — 8.
				— Pl. B. I. d. No. 1 — 3.
				P. III. Suppl. V. a. N. 6.
				— Suppl. V. c. No. 3.
				— Suppl. V. e. N. 4.
8. Trigonelles	—	—	—	P. II. Pl. II. b.** No. 8.
				— Pl. B. III. No. 6.
9. Oftracites, Huîtres foffiles, qui fe divifent, en	2	4	114	

G

a) Oftréo-

	Partie.	Ch.	Pag.	Planche.
a) Ostréocamites, qui font -				P. II. Pl. D. III. No. 3 — 6.
α) feuilletées, ou du moins repliées d'une manière irré-gulière, parmi lesquelles se rapporte la Mere - Perle pro-prement dite, *Concha marga-ritifera* - - -	*planche*	*decuntur*	*habent*	— Pl. D. V. D. V.* No. 3. — Pl. D. VI. No. 3. 5. — Pl. D. VII. No. 7. 16. — Pl. D. XIII. No. 1. — Pl. D. VI. No. 1. 2. — Pl. D. VIII. No. 1. 2.
β) striées - -	—	—	—	P. II. Pl. B. I** N. 1. 2. — Pl. D. V* No. 5. 6.
γ) plissées, tantôt longitudina-lement, tantôt transversale-ment & parmi ces Huîtres plissées l'on doit rapporter aussi les Crêtes de Cocq .	—	—	—	P. II. Pl. D. I. No. 1. 2. — Pl. D. I* No. 1. 2. 3. — P. D. II. — Pl. D. II. No. 5. 6. — Pl. VII. No. 3. 4. 5. 6. — Pl. K. II. No. 5.
δ) épineuses, les Cliquettes de Lazare - - -	—	—	—	P. II. Pl. B. II. b** No. 1. — Pl. D. XI. No. 1. 2. — P. D. XII.
b) Ostréopinnites				
α) feuilletées - -	—	—	—	P. II. Pl. D. Pl. D. * — Pl. D. IV. N. 1. 2. 5. — Pl. D. IX.
β) plissées - - -	—	—	—	P. II. Pl. B. II. b**. — Pl. D. IX. No. 2. — Pl. D. I** — Pl. D. V*. No. 1. 2.
et c'est ici qu'il faut rappor-ter aussi la *Feuille de Laurier*	—	—	—	P. II. Pl. D. II. No. 5. 6. 7. Pl. D. VII. N. 1. 2.
γ) lisses, - - -	—	—	—	P. II. Pl. D. III. No. 2.
c) Ostréotellinites, -	2	8	129	P. II. Pl. D. V* No. 4.
parmi celles ci doivent être rangées en particulier les Ostréo-pinnites à plis transverslaux	2	8	129	
10. Térébratulites, & les autres Anomites, *Concha Anomia* -	2	4	75	P. II. Pl. B. IV. No. 1. 2. & suiv.
11. Hystérolites - -	2	4	77	P. II. Pl. B. IV. N. 5. 6.
12. Pinnites - - -	—	—	—	P. II. Pl. B. VI. No. 1. 2. P. III. Suppl. V. e. No. 1. 2.
13. Solenites - - -				
14. Pholadites - -	2	17	267	P. II. Pl. M. No. 1. 2. 3.
15. Gryphite - -	2	4	66	P. II. Pl. B. 1. d. No. 5. 6. 7. — Pl. D. III. No. 1. — Pl. D. III. a. No. 1. 2. — Pl. D. III. b No. 1. 2. 3. 4. — Pl. D. III. c. No. 1. 2. 3.

	Partie.	Ch.	Pag.	Planche.
16. Musculites - -	2	4	{ 71 } { 72 }	P. II. Pl. B. I. a. No. 9. — Pl. B. II. No. 1, 2. — Pl. B. II. b** No. 4. 5. 6. 7. — Pl. B. VI. No. 3.
17. Tellinites - -	—	—	—	P. III. Suppl. V. c. No. 2. — Suppl. V. c. No. 5. 6.
18. Arcites, ou Arches de Noé & grosses-Arches - -	—	—	—	P. II. Pl. B. II. b*. P. III. Suppl. V. c. No. 3.
19. Mytulites -	1	4	61	Pl. II. Pl. B. 1* No. 4.
20. Balanites - - -	2	17	256	P. II. Pl. K. No. 1 — 7. — Pl. K. I. No. 1 — 8.
B. Cochlites - - -				
1. Vermiculites - -	2 3	16 4	145 169	P. II. Pl. I. a. No. 7. & suiv. P. III Suppl VI. f. No. 8.
2. Tubulites - - -				
a) Antalites - - -	2	16	145	P. III. Suppl. V. a. No. 3.
β) Dentalites - -	2	16	145	P. II. Pl. I. a. No. 1 — 6.
γ) Tuyaux de Mer de forme cylindrique, *tubulita recti simplices* - -	3	4	146	P. III. Suppl. V. a. No 1. 2.
d) Bréchites - -	3	4	152	
e) Tuyaux de mer en forme de Lituite - -	3	4	173	P. III. Suppl. VII. a. No. 6. 7.
3. Belemnites - -	2 3	15 4	211 144	P. II. Pl. I. & Pl. I* P. III. Suppl. IV. f. No. 1 — 6.
4. Orthocératites - -	2 3	3 4	146 147	P. II. Pl. A. VI. A. VIII. P. III. Suppl. IV. N. 2. — Suppl. IV. b. No. 2. 3. — Suppl. V. d. No. 1. 2. — Suppl. IV. e. N. 1. 5. 6. — Suppl. IV. d. N. 4. 5. — Suppl. IV. e. No. 1 — 5.
5. Lituites - -	3	4	134	P. III. Suppl. IV. IV. a. No. 1 — Suppl. IV. b. No. 1. — Suppl. IV. c. No. 1. — Suppl. IV. c. No. 3. 4. — Suppl. IV. d. No. 1. 2. 3.
6. Planorbes fossiles - -	2	5	81	P. II. Pl. B. III. No. 3. — Pl. B. VI a. No. 1. 2. 5 — 9. — Pl. B. VI. b. No. 1. 3. 5 6 — 11.
7. Ammonites, ou Cornes d'Ammon - -	1 —	3 —	34 —	P. I. Pl. XXXVII. P. II. Pl. 1. Pl. 1. a. — Pl. A. — Pl. A. II. — Pl. A. III. — Pl. A. IV. — Pl. A. V. — Pl. D. III. a. No. 4. 5. P. III. Suppl. V. c. No. 7. — Suppl VI. No. 2. 3.

8) Nau-

	Partie.	Ch.	Pag.	Planche.
8. Nautilites	2	2	32	P. II. Pl. A. IV*. No. 1, 2. — Pl. A, IV** P. III. Suppl. V. b
9. Hélicites	2	3	51	P. II. Pl. A. VII. — Pl. L. No. 4.
10. les Coquilles que l'on connoît sous les noms de *Têtes de serpent*, *d'Oeils de Boeuf*, de *Cadrans*, fossiles				
11. Néritites	2	5	84	P. II. Pl. B. VI. b. No. 23 -- 26. 28.
12. Globosites	2	5	84	P. II. Pl. B. IV. b. N. 27 -- 29. 31 32.
Parmi lesquelles il faut rapporter aussi, d'après Rumphius, la *Toupe à tubercules.*	—	—	—	P. II. Pl. C. No. 6.
13. Limaçons des Jardins, fossiles.	2	5	85	P. II. Pl. B. VI. a. N. 10 -- 12. 14 -- 18 20. — Pl. B. VI. b No. 1 — 3.
14. Cochlites lunaires, ou Limaçons a bouche ronde	2	5	86	P. II. Pl. B. VI. a N. 21. 23. — Pl. B. VI. b. No. 30. P. III. Suppl. V. c. N. 5.
De ce genre est entr'autres aussi le *Burgau* appellé *Cochlea lunaris major.*	—	—	—	P. II. Pl. C. No. 3. 4.
15. Trochites ou Trochilites	2	5	87	P. II. Pl. B. VI. a. No. 27. 29. 32. — Pl. VI.* N. 1 — 8. — Pl. B. VII. 1 — 5.
16. Turbinites & Strombites	2	7	104	P. II. Pl. B. VI. a. No. 24 — 28. 30. — Pl. C. IV. No. 1, 4. 5. 6. — Pl. C. V. No. 1 — 4. — Pl. C. VI. No. 1 — 7. — Pl. C. VI* No. 1, — 3. — Pl. C. VI** No. 1. 2. — Pl. C. VII. Pl. C. VIII.
17. Buccinites	2	6	93	P. II. Pl. B. VI. a. No. 31. — Pl. C. I* No. 1. 2. — Pl. C. II. No. 5. 8. 9 — 12. 14 — 18. — Pl. C. II*. No. 1 — 5. — Pl. C. VI. No. 2. 3. 7. 8. P. III. Suppl. V. a. N. 7.
& Conotrochites	—	—	—	P. II. Pl. C. I. No. 2. — Pl. C. II No. 7.
18. Cassidites	2	6	96	P. II. Pl. C. No. 6. — Pl. C. I. No 4. 7.
19. Harpes fossiles	2	6	96	
20. Bullites, ou Figues fossiles.	2	6	97	
21. Muricites & Purpurites	2	6	97	P. II. Pl. C. I. No. 5. 8. — Pl. C. III No. 7. 8.
22. Volutites	2	6	97	P. II. Pl. C. No. 5. — Pl. C. I. No. 1. 3. — Pl. C. II. No. 3. 4. 6. — Pl. C. II*. No. 6. 7. — Pl. C. III. No. 3.

23. Cylindri-

	Partie.	Ch.	Pag.	Planche.
23. Cylindrites - -	2	6	98	
24. Procellanites - - -	2	6	98	P. II Pl. C. 3. No. 4 .5. 6.
25. Alatites - - -	1	6	98	P. II. Pl. C. No. 1, 2.
				— Pl. C. I** & C. 1***
				— Pl. C. II. No. 1. 2.
				— Pl. C. III. No. 1. 2.
A ces Coquilles fossiles il faut joindre les *Pierres* dites *de Mégare* (Lapis megaricus) qui font des groupes, amas, matrices, qui en renferment differentes sortes - - -	—	—	—	P. III. Suppl. V.

IV. INSECTES PÉTRIFIÉS

Entomolithes.

Ces Infectes font	Partie.	Ch.	Pag.	Planche.
I. Sans ailes, Aptères, *Aptera* ; on n'a point trouvé encore de fossile que l'on pourroit donner avec quelque certitude comme appartenant à cet ordre d'Infectes.				
II. à deux ailes, Diptères, *Diptera*	1	11	146	
III. à quatre ailes membraneuses, Hyménoptères, *Hymenoptera*, de cet ordre l'on a trouvé parmi les fossiles				
1. des Ichneumons	1	11	146	
2. des Hémerobes, ou Lions des Pucerons. *Hemerobii* - -	—	—	—	
IV. à ailes nerveuses ou réticulées, Névroptères, *Neuroptera*, où il faut rapporter les empreintes des Demoiselles - - -	1	11	145	P. I. Pl. XXXIII. No. 5. 6.
V. à ailes couvertes d'une poussière farineuse, Lépidoptères, *Lepidoptera*, empreintes de Papillons - -	1	11	149	
VI. à ailes couvertes de fourreaux, Coléoptères & Hémiptères, *Coleoptera & Hemiptera*, les Scarabés	1	11	146	
A ces Infectes fossiles il faut joindre encore				
1. les Ruches d'Abeilles - -	1	11	146	
2. les Coques d'Infectes - -	1	11	146	
3. les Chryfalides - -	1	11	147	P. I. Pl. XXXIII. No. 2. 3. 4.
4. les Oeufs d'Infectes - -	1	11	147	
Nous omettons ici ces faux Infectes dont il a été parlé dans la Ire Part. Cap. III. p. 149. & fuiv.				

IV. INSECTES CRUSTACÉS PÉTRIFIÉS
OU FOSSILES.

Gammarolithes & Trilobites.

a) l'on

VIII. POISSONS PÉTRIFIÉS ou FOSSILES.
Ichthyolithes.

3. l'Anar-

	Partie.	Ch.	Pag.	Planche.
3. l'Anarrique ou Lompe, *Anarrhichas*, en particulier de l'efpèce du Loup, dont on trouve les dents	2	14	196	
IV. Les jugulaires, qui ont les nageoires du ventre placées proche le col, *Jugulares*.				
1. le Merlan, *Onbu*, en particulier	2	13	167	
2. l'Eglefin, *Aeglefinus*.	1	11	140	P. I. Pl. XVIII. No. 1. — Pl. XXIV. No. 1, 2.
3. la Morue, *Muftela*.	2	13	167	
V. les Thorachiques, qui les ont placées au thorax, *Thoracici*.				
1. la Perche de rivière, *Perca fluviatilis*.	1 2	11 13	139 167	P. I. Pl. XVII. No. 1. 2. — Pl. XVIII. No. 2.
2. la Sole, *Pleuronectes*, *Rhombus*.	1 2	11 13	140 167	P. I. Pl. XX No. 1.
3. le Turbot, la Plie, *Pafter*.	2	13	167	
4. la Scorpène, ou Rafcaffe, *Scorpaena*.	2	13	167	
5. le Scare, *Scarus*.	2	13	167	
6. le Macquereau, *Scomber*.	2	13	167	
7. l'Hirondelle de Mer, *Hirundo*.	2	13	167	
8. le Sargo, *Sargus*, dont on trouve les dents	2	14	196	
9. la Dorade, *Aurata*, les Dents.	2	14	196	
VI. les Abdominaux, qui les ont fous le ventre, plus près de l'anus; *Abdominales*.				
1. le Lavaret, *Albula*.	1 2	11 13	141 167	P. I. Pl. XXIII. No. 2. 3. — Pl. XXVII. No. 1.
2. la Carpe, *Cyprinus*.	1 2	11 13	141 167	P. I. Pl. XXVI. — Pl. XXXII.
3. l'Eperlan, *Eperlanus*.	1	11	141	P. I. Pl. XXVII No. 2. — Pl. XXX. No. 2.
4. la Loche franche, *Cobitis*.	1	11	142	P. I. Pl. XXVII No. 3. 5. 6. — Pl. XXIX. No. 2. 3. 4.
5. la Tanche, *Tinca*.	1	11	142	P. I. Pl. XXVIII. No. 4.
6. le Brochet, *Efox*.	2 —	13 14	167 197	P. III. Suppl. VIII. d, No. 15.
7. le Hareng, *Clupea*.	2	13	167	
8. la Truite de rivière, *Fario*.	2	13	167	
9. le Goujon, *Gobio*.	2	13	167	
10. la Truite faumonée, *Trutta*.	2	13	167	
11. le Muge, le Cabot, *Mugil*.	2	13	167	

I

A ces

	Partie.	Ch.	Pag.	Planche.
A ces Ichthyolithes il faut joindre les Os & autres parties des Poiſſons que l'on ne ſait pas encore rapporter à leurs genres. Tels ſont				
1. les Opercules des Ouies. - -	2	13	164	
2. les Os de la Tête. - -	2	13	164	
3. les Vertébres, *Ichthyoſpondyli.* -	2	13	165	P. II. Pl. L. No. 5. 6. 7. P. III. Suppl. VIII. e. No. 1. — 10.
4. les Côtes & les Arêtes. - -	2	13	165	
5. les Nageoires, les Queues, les Cirrhes ou Barbes. - -	2	13	165	P. III. Suppl. VIII. No. 1.
6. les Ecailles - - -	—	—	—	P. III. Suppl. VIII d. N. 19.
7. les Dents - - - Celle- ci ſont	2	14	187	
(1.) en forme d'alaine, *ornithogloſſae, Ichthyodontae ſubulati* -	2	14	187	P. II. Pl. H. I. No. 7. 9. 10.
(2.) triangulaires, à côtés tantôt liſſes, tantot faits en ſcie, *gloſſopetrae* - - -	2	14	187	P. II. Pl. H. I. No. 4. 5. 6. 11. — Pl. H. I. a. No. 1. 2. 3.
(3.) coniques, *conichthyodontae*	2	14	189	P. II. Pl. H. I. No. 8. P. III. Suppl. VIII. No. 2. — Pl. VIII. e. No. 16 — 21.
(4.) rondes ou ovales, *dentes ſcutellati, orbiculati ſcaphoidae,* Bufonites. - - -	2	14	190	P. III. Suppl. VIII b. No. 4. — Suppl. VIII. d. No. 1 — 14. — Suppl. VIII. e. No. 13. 14. 15. 22.
(5.) quarrées. *ſiliquaſtra* - -	2	14	192	P. III. Suppl. VIII. e. No. 12.
(6.) à ſurface ſillonnée ou ridée	2	14	192	P. II. Pl. H. I. a. No. 4. — 6. P. III. Suppl. VIII. d. No. 17.

IX. OISEAUX FOSSILES.

Ornitholithes.

	Partie.	Ch.	Pag.	Planche.
Presque tout ce que l'on rapporte communément à cette Claſſe, eſt ſujet à caution; car tantôt l'on donne pour des Petrifications des corps qui ne ſont que ſimplement incruſtés tantôt l'on fait paſſer pour des Ornitholithes des corps, petrifiés à la verité, mais qui ſont tout autre choſe. L'on pretend avoir trouvé				
1. Des Oiſeaux entiers. - -	2	13	158	
2. Des Nids. - - -	2	13	159	
3. Des Squelettes d'Oiſeaux. -	2	13	160	
4. Des Os, - - - -	—	—	—	

5. Des

	Partie.	Ch.	Pag.	Planche.
5. Des Becs d'Oiseaux, qui font peut etre des becs d'une espèce, de Seche ou de Calmar. - -	2	13	161	
parmi lesquels l'on rapporte auffi un certain foffile inconnu. - -	2	14	209	P. II. Pl. II. I. a. No. 9. 10.
6. Des Ongles - - -	2	13	161	
7. Des Oeufs - - -	—	—		
8. Des Plumes. - - -	2	13	162	

X. QUADRUPEDES FOSSILES.
Tetrapodolithes.

	Partie.	Ch.	Pag.	Planche.
Les Quadrupèdes qui ont paffé dans le Regne des Foffiles font,				
A. par rapport à leur genre,				
I. de ceux, qui ont les pieds im parfaits, ou moins propres a une marche aifée & dégagée, qu'				
a.) à la nage; & ceux-ci font				
(1.) à pieds faits en forme de nageoires, tels que la Vache marine, *Rosmarus*. - -	2	13	162	
(2.) palmipèdes, ou à doigts unis par une membrane: qui font				
α.) à corps nud, parmi lesquels il faut rapporter les Os foffiles des *Grenouilles* & des *Crapauds*. - -	2	13	171	
β.) à corps écailleux, tels que les *Lézards*, & les *Crocodiles*. - - -	2	13	170	
γ.) couverts d'un fourreau offeux, tels que *les Tortues*.	2	13	168	
δ.) à peau couverte de poils, comme le font la *Loutre* & le *Caftor*, quoique l'on n'ait rien trouvé encore parmi les dépouilles du Regne des Foffiles que l'on pût donner pofitivement pour être de ces animaux.				
b.) au vol; où l'on doit rapporter les Quadrupèdes volans, & en particulier la famille des *Chauve-fouris*, de laquelle cependant l'on n'a également point trouve encore de trace parmi les Foffiles.				

5. Des

XI. PÉTRIFICATIONS HUMAINES.
Anthropolithes.

II.

PÉTRIFICATIONS DU REGNE VÉGÉTAL.

I. DES BOIS PÉTRIFIÉS ET MINÉRALISÉS.

(21) de

c.) à

	Partie.	Ch.	Pag.	Planche.
c.) à considérer la place que chaque morceau doit avoir occupée dans le total dont il a fait partie, ce sont				
(1) des troncs - -	3	1	25	
(2) des écorces - -	3	1	25	P. III. Pl. λ. No. 3. — Pl. μ. No. 3. 4.
(3) des branches - -	3	1	25	P. III. Pl. λ. No. 1. 2. — Pl. ξ. No. 1. 5.
(4) des racines - - -	3 — —	1 — —	26 9 10	 P. III. Pl. ο. No. 1. — Pl. π. No. 5.
d.) à considérer l'état dans lequel s'est trouvé un morceau de bois avant que de passer au nombre des fossiles, l'on trouve				
(1) des Bois sains qui n'ont éprouvé encore la moindre altération, & telle est la plûpart des Bois pétrifiés que l'on voit.				
(2) des Bois rompûs, écrasés, éclatés - - -	3	1	29	P. III. Pl. ο. No. 3.
(3) des Bois pourris - -	3	1	29	P. III. Pl. κ. No. 4. — Pl. ο. No. 1. — Pl. π. No. 1. 2. 3.
(4) — vermoulus - -	3	1	29	P. III. Suppl. VI. g. No. 3.
(5) — reduits en charbons -	3	1	30	
B. des pièces qui, avant leur pétrification, ont été travaillées ou mises en oeuvre, pour servir à quelque usage, comme des planches, des chevilles, des seaux, des fragmens d'échelles, &c. -	3	1	28	P. III. Pl. ξ.* No. 6.
Il y a aussi de fausses Pétrifications végétales parmi lesquelles on rapporte				
(1) les Lithoxyla de *Volckmann*	3	1	8	
(2) le Fossile de Frankenberg, que l'on connoit en Allemagne sous le nom de *Stangengraupen*. - - -	3	1	21	P. III. Pl. ξ.* No. 1. 2.

2. DES

2. DES PLANTES PÉTRIFIÉES OU FOSSILES, OU LEURS PARTIES.

	Partie.	Ch.	Pag.	Planche.
I. Si l'on considère les changemens qu'elles ont éprouvés pendant leur séjour dans le Regne des Fossiles, & l'état de conservation dans lequel elles s'offrent, l'on peut distinguer				
1. Des Plantes & des Feuilles, qui doivent avoir pris une nature pierreuse - - -	3	2	45	
2. des minéralisées, qui sont, ou métallisées, ou bitumineuses, ou alumineuses - - -	3	2	56	
3. Des Empreintes de Plantes ou de feuilles - - -	3	2	46	
4. Des Plantes &c. qui se font conservées en quelque façon dans leur état naturel, étant				
a.) incrustées - - -	3	2	46	
b.) renfermées dans des Schistes	3	2	47	
c.) — dans des cristaux, des Agates, du Succin - -	3	2	48	
II. Les Matrices qui renferment ces Pétrifications végétales font				
1. des Schistes noirs, blancs, ou autrement colorés - -	3	2	52	
2. des Grais - - -	3	2	53	
3. des Tufs, des Stalactites -	3	2	54	
4. des Pierres calcaires, des Marbres - - - -	3	2	55	
5. des Jaspes, des Agates -	3	2	55	
6. des Cristaux. - - -	—	—	56	
III. Ces Végétaux considérés en eux mêmes, & par rapport aux genres, & aux parties, que l'on en trouve parmi les dépouilles du Regne des Fossiles, font				
a.) des Plantes. Où l'on rapporte				
a.) les Feuilles de quelque arbre &c. - - - -	3	2	68	
1.) du Noyer - -	—	—	—	Part. I. Pl. IX, a No. 1.
2.) du grand Tilleul - -	—	—	—	— Pl. IX. No. 1.
3.) de la Cursige, *Polyg. persica*	—	—	—	— Pl. IX. No. 5.
4.) du Saule à feuilles d'Amandier, *Salix nigr.* - -	—	—	—	— Pl. IX. No. 6.

L

5.) de

6. les

	Partie.	Ch.	Pag.	Planche.
6. les Fruits des Arbres des forêts, tels que les Glands, les Cônes de Pin & de Sapin, ceux du Mélèze, de l'Aune, les Pignons, le Fruit de l'Orme &c.	3	2	90 91	
7. les Gousses & les Capsules qui renferment les semences -	3	2	93	P. I. Pl. IX. a. No. 5. — Pl. IX. c. No. 4. P. III. Suppl. III. a. No. 1.
8. ce que l'on donne pour des Champignons terrestres, ne sont la plûpart que des fausses-Pétrifications - - -	3	2	91	P. III. Pl. III. b. No. 5.

TAB-

TABLE

ALPHABÉTIQUE

DES CHOSES

CONTENÜES

DANS

L'HISTOIRE NATURELLE

DES

PÉTRIFICATIONS

DE MONSIEUR LE CONSEILLER WALCH,

DRESSÉE

PAR

MONSIEUR I. SAM. SCHROETER,

PREDICAT. A L'EGLISE CATHEDRALE DE WEIMAR, SECOND DIACRE A CELLE
DE S. PIERRE ET S. PAUL DANS LA DITE VILLE, MEMBRE ORDINAIRE DE LA SOCIETÉ
ELECTORALE PHYSIQUE ET OECONOMIQUE POUR LA CULTURE DES ABEILLES ETABLIE
DANS LA HAUTE - LUSACE.

AU LECTEUR.

Quelqu'inattendu qu'il pourra être aux Lecteurs de cette Table de trouver à sa tête une Préface, & autant que l'on seroit fondé d'en attendre une dans tout autre cas; autant me sens-je pressé par la necessité de leur addresser quelques mots, tant pour leur rendre compte du plan sur lequel j'ai travaillé, que pour leur en faciliter l'usage. Plus la tache est pénible, lorsqu'il s'agit de dresser une Table alphabétique sur un Ouvrage aussi vaste que celui que nous avons sous les yeux, plus on a d'obligations à celui qui s'en est chargé, s'il a été assès heureux pour satisfaire l'attente des Connoisseurs & des Curieux. Combien cette gloire ne me seroit-elle pas flatteuse, m'étant efforcé de tout mon pouvoir de l'atteindre; il sera à mes Lecteurs de décider combien j'y ai réussi!

L'Accueil favorable que le Public a fait tant aux belles Planches de feu Mr. Knorr, continuées par les Héritiers avec un Zéle véritablement digne de louange, & dont la collection vient d'être achevée, qu'au savant Commentaire de Mons. le Conseiller WALCH, est sans contredit le garant le plus sûr de l'excellence de l'un & de l'autre de ces Ouvrages. Mais comme ces sortes d'Ouvrages ne sont pas susceptibles d'un arrangement, où un ordre systematique soit observé à toute rigueur, & que le Commentaire ne pouvoit pas s'écarter de celui des Planches, il ne pouvoit guères ne pas arriver, que bien des notices interessantes sur les corps qu'elles presentent, me fussent dispersées; inconvenient, auquel il n'y avoit pas moyen de remedier autrement que par une Table alphabétique & exacte, qui devint par là d'une nécessité absolue; l'on me proposa de la composer, & j'avoue naturellement que ce fut avec un véritable plaisir que je m'en suis chargé, puisque je regardai cette tache comme un moien de me procurer la satisfaction, de rendre le meilleur & le plus complet de tous les Ouvrages que nous aions en fait de Lithologie, plus utile & d'un usage plus commode; c'est aussi dans cette vuë que je vai rendre compte à mes Lecteurs du Plan sur lequel j'ai travaillé.

Les Ecrits de Mons. le Cons. WALCH étant deja connûs des Curieux pour des Ouvrages qui ne renferment point de digressions inutiles, & celui que nous avons sous les yeux, étant rempli surtout de notices des plus interessantes & d'un usage étendu; mon premier soin a été, de ne laisser echapper aucune de ses idées, qui ne parût être de quelque importance; ensuite je me suis efforcé à chaque article d'épuiser le sentiment de l'Auteur, & de le concentrer de manière que chacun pût, en y jettant seulement un coup d'oeil, en saisir l'essentiel. Comme il y a bien des gens qui, tandis qu'ils n'aiment pas à lire des discussions etendûes, souhaitent cependant d'avoir le précis de tout ce qu'il y a d'essentiel dans une matière importante, ils trouveront de quoi se satisfaire dans ma Table alphabétique.

Qui est-ce qui ignore combien le nombre des noms & des termes qui se rencontrent dans la Lithologie, est prodigieux? ces mots cependant il est necessaire de les connoitre tous pour quiconque veut lire avec fruit les écrits que nous avons sur les différens objets de la Lithologie. L'Auteur les a ramassés avec beaucoup de soin dans différentes langues, allemande, latine, françoise, hollandoise, surtout des deux premières. Pour éviter toute longueur inutile dans ma Table, j'ai eû soin de joindre aux noms qui expriment les Genres, d'abord ce qui sert à en établir la signification; mais quant aux noms qui désignent les Espéces, tant principales que subordonnées, je les ai laissés sans explication, me contentant d'indiquer la Partie du corps de l'Ouvrage & la page où chacun se trouve expliqué. Ainsi par ex: si l'on trouve les noms d'*Echinitae vertice fastigiato Listeri*, & de *Millepora ramosa tuberculosa*, sans aucune explication, c'est parceque le premier désigne une espéce d'Oursin fossile, & le second une espéce de Millepore. Que l'on se représente seulement un nombre de 500. de ses sortes de noms, & l'on n'aura pas de peine à concevoir combien je dois avoir ménagé de place dans ma Table, par cette manière simple de les indiquer. Et les Lecteurs & les Acheteurs de cet Ouvrage pourroient-ils m'en savoir mauvais gré? Non obstant cette brièveté j'ai eû soin de n'omettre aucune des rubriques différentes sous lesquelles les noms des Pétrifications peuvent être présentés; ce qui sert à mettre le Curieux en état de trouver dans cet Ouvra-

ge

ge tout ce qu'il veut, si même il ne sait pas sous quel nom l'Auteur parle du corps qu'il cherche; par ex. le Fossile que Mr. WALCH désigne du nom de *Trilobite*, est connû d'ailleurs sous ceux de *Kürfürsichel*, ou de *Concha triloba rugosa, Conque ridée à trois lobes*. Ces noms, ou d'autres synonimes, si le Lecteur les cherchera dans la Table, lui indiqueront celui sous lequel il est parlé, tant dans le Corps de l'Ouvrage que dans l'Index, du Fossile qu'il cherche.

Au pied de chacun des principaux Articles j'ai ajouté encore deux chofes. En premier lieu, j'y ai rassemblé les noms des endroits d'où les Pétrifications se sont tirées; mais l'on sentira bien, sans que je le dise, qu'il n'est question que de celles dont il est parlé dans cet Ouvrage. C'est une chose dont l'utilité est evidente; car comme l'on n'y a rassemblé que des Corps choisis, l'on a l'avantage d'y trouver une notice des endroits qui fourniffent les plus belles & les plus rares Pétrifications. Pour la commodité des Curieux qui pourroient souhaiter de voir d'un coup d'oeil tous les Corps qui appartiennent à un même genre, j'ai eû soin en second lieu, d'en rapporter les représentations, qui se trouvent éparses sur les Planches de Mr. KNORR, & de les indiquer au pied de chacun des principaux Articles, ce qui ne doit cependant s'entendre que des genres & de leurs efpèces principales, m'étant gardé, pour ne pas groffir sans necessité ma Table, d'entrer dans le detail de toutes les variétés qui s'en rencontrent. Car combien ne m'auroit-il fallu de place, si j'avois voulu indiquer par ex. les figures de tous les Ourfins, ou de tous les Coraux qui s'y voient, chacune à part & avec leurs noms spécifiques. Je n'ai pas manqué d'en indiquer les principales, & probablement l'on n'en demandera pas davantage.

Lorsque l'on confidère les notices que Mr. le Conf. WALCH nous a fournies dans cet Ouvrage, touchant les Auteurs qui ont écrit fur la Lithologie & leurs Ouvrages, & combien ces notices font nombreuses & inftructives, l'on ne disconviendra pas, que ce feroit avec raifon que l'on pourroit lui donner le nom d'une Hiftoire critique & littéraire du Regne des Foffiles! Il auroit valû la peine de les raffembler toutes fans exception, & d'en dreffer un Indice alphabétique! mais comme à cela une demi-main de papier n'auroit pas même fuffi, & que j'avois à craindre qu'il pourroit déplaire a; bien des Acheteurs de cet Ouvrage qui ne se foucient pas de devenir de favans Lithologiftes; je me fuis contenté, de n'indiquer en particulier & fous leurs noms propres, que les Auteurs qui fe font écartés évidemment de la vérité, ceux d'un merite diftingué & généralement reconnû, ou fur les connoiffances desquels, par rapport à cette partie agréable de l'Hiftoire naturelle, il a été porté un jugement dans cet Ouvrage; & je me flatte d'avoir fait a cet égard tout ce que l'équité pouvoit demander, & d'avoir facilité en même tems aux Amateurs d'une étude plus profonde, l'ufage de cette partie de l'Ouvrage de Mons. WALCH; tandis que je me trouvai dans la neceffité de confacrer la plus grande partie de mon travail aux Foffiles mêmes.

Les Abréviations dont je me fuis fervi, font les fuivantes:

P. I. dénote la première Partie du corps de l'Ouvrage.

P. II. — la feconde.

P. III. — la troifième.

S. I. ou Sect. I. dénote la première Section de la feconde Partie.

    Sect. II. — la feconde Section.

    Suppl. — le quatrième Chapitre de la troifième Partie, qui contient l'Explication des Planches du Supplement.

    Not. — les Notes qui fe trouvent indiquées dans le corps de l'Ouvrage par des chifres arabes.

Je fouhaite de tout mon coeur, que mon travail tourne au contentement de mes Lecteurs.

à Weimar le 6. Mai 1773.

JEAN SAMUEL SCHROETER.

Abeilles, Ruches d', v. *Ruches*.

Abrotanoides, l'on doit se garder de les confondre avec les Milleporites. P. II. S. II. p. 11. 14.

Abrotanoides saxea. P. II. S. II. p. 11.

Acanthiae, nom que l'on donne aux dents d'un certain poisson. P. II. S. II. p. 195.

Acanthias, Poisson, dont on trouve les dents parmi les Fossiles. P. II. S. II. p. 194.

Acanthiodontes, nom que l'on donne aux dents de ce Poisson. P. II. S. II. p. 195.

Acetabula echinorum, nom que l'on donne quelquefois aux écussons ou mammelons d'Oursin. P. II. S. I. p. 143.

Achates phytomorphus, *Achates technomorphus*, *Achates zoomorphus*, se rapportent parmi les Dendrachates, ou Agates arborisées. P. I. p. 102.

Aciculae lapideae, espèce de Pierre judaïque en forme d'aiguille. P. II. S. I. p. 143.

Acorus, l'on doit l'avoir trouvé pétrifié. P. III. p. 74.

Aculei echinorum lapidei, pointes d'Oursin pétrifiées. P. II. S. I. p. 143.

Aculei clavati cylindracei. P. II. S. I. p. 143.

Aculei cucumerini. ibid.

Aculei echinorum lapidei dactyliformes. ibid.

Aculei echinorum fusiformes. ibid.

Acus, espèce de Poisson, que l'on trouve pétrifiée. P. II. S. II. p. 167.

Adianthum, s'est trouvé pétrifié. P. III. p. 50. l'on en rencontre de pyriteux à Colebrookdale en Shropshire. P. I. p. 45. P. III. p. 57.

Agallochites, Bois d'Aloès pétrifié. P. III. p. 1. 7.

Agapes, doit désigner une espèce de Strombite. P. II. S. I. p. 107.

Agaricite de Mr. BERTRAND, ce que c'est. P. II. S. II. p. 11. v. *Champignons terrestres.*

Agates, elles renferment quelque fois des Mousses ou d'autres corps étrangers. P. I. p.

18. P. III. p. 48. comment les Coquilles sont converties en Agate. P. II. S. I. p. 8.

Agates avec des empreintes de Plantes. P. III. p. 55. des Plantes proprement dites ne sauroient y être renfermées. *ibid.* mais bien des Mousses, dont on rapporte des echantillons. *ibid.*

Agate qui offre des desseins de Fortifications, espèce d'Agate figurée. P. I. p. 102.

Agricola, Naturaliste célèbre qui eût des idées plus saines en fait de Lithologie que ceux qui l'avoient précédé. P. II. S. I. p. 20. comment il s'est expliqué par rapport aux Pétrifications. P. I. p. 84. fût Minéralogiste plutôt que Lithologiste. P. II. S. I. p. 20.

Ahovai, quoique plusieurs Auteurs aient fait mention du fruit pétrifié d'Ahovai, ce fossile ne laisse pas d'être très suspect. P. III. p. 88. celui de MYLIUS comparé avec ce que d'autres en ont écrit. p. 100. l'on prétend en avoir trouvé à Manebach. *ibid.*

Aiguille de Mer, Poisson. v. *Acus.*

Aiguille, Coquillage. v. *Vis.*

Aiguilles, Pointes d'Oursin en forme d'aiguille. v. *Oursin.*

Ailée, v. *Alatite.*

Ailes de Mouche, Fossile de Frankenberg, qui porte ce nom, ne renferme point d'Insectes pétrifiés. P. I. p. 149. Ce que c'est. P. III. p. 39. ce ne sont que des empreintes de plantes. p. 66. non des feuilles. 69.

Ais pétrifiés. P. III. p. 28.

Alatite, ce que c'est. P. II. S. I. p. 16. véritable forme de cette espèce de Coquille fossile. p. 92. lorsqu'elle est dépouillée de son aile, il est facile de la confondre avec les Buccinites, *ibid.* elle est très rare. *ibid.* & p. 101. la plûpart seulement calcinée. p. 98. on pourroit lui donner aussi le nom de *Buccinite ailée.* p. 103. comment elle se distingue du reste des

Alcyo-

Alcyonium Milesium P. II. S. II. p. 252.

Alcyonium palmatum. P. II. S. II. p. 32. 33.

Alcyonium petrosum vermiculare. P. II. S. II. p. 252.

Alcyonium quartum Dioscoridis. P. II. S. II. p. 33.

Alcyonium Scolycoides. P. II. S. II. p. 252.

Alcyonium vermiculare. ibid.

Ἀλκυόνιον, *Écume de Mer*, pourquoi on en a dérivé le nom d'Alcyon. P. II. S. II. p. 2.

Aldrouandus, Naturaliste qui jouissoit d'une très grande autorité parmi les Litholo-gistes de son tems, & cela non sans raison. P. II. S. I. p. 148. avoit des idées justes par rapport aux Echinites. *ibid.* est un des premiers qui ait parlé d'Orthocéra-tite. p. 48. fit naître l'idée d'attribuer tous les grands ossemens fossiles à des Géans, P. II. S. II. p. 180.

Alga latifolia, a été trouvée parmi les Pétri-fications. P. III. p. 50.

Alga ramosa, l'a été de même. P. III. p. 50.

Alga tenuifolia, également. ibid.

Aloës, Bois d', fossile, *Agallochites.* P. III. p. 1. l'on en a de pétrifié. p. 7.

Alpschofsteine, un des noms que les Allemans donnent aux Bélemnites. P. II. S. II. p. 211.

Alsine, Morgeline, la fleur de cette Plante s'est trouvée parmi les Pétrifications. P. III. p. 70.

Alvéoles, ce que c'est. P. II. S. II. p. 213. doi-vent leur nom à Mr LUID, *ibid.* fusi-formes. ibid. *Not.* les Bélemnites en sont souvent dépouillées. *ibid.* on les trouve de différente grandeur. *ibid.* Auteurs qui en traitent. p. 214. *Not.* q. SCHEUCH-ZER y rapporte aussi les Orthocérati-tes. *ibid.* l'on trouve des Alvéoles pyri-teuses aux environs de Boll. P. I. p. 44. comment elles doivent avoir été enchâs-fées dans le corps de leurs Bélemnites. p. 217. sont quelquefois d'une forme pyramidale. p. 240. l'on en trouve à Aris-torf. p. 242. la copie se voit, P. II. Pl. I. fig. 3.

Alvéoles (cylindriques) de ce nom furent dé-signés les Orthocérites P. II. S. I. p. 48.

Alveoli connexi. P. II. S. II. p. 214.

Alveoli fusiformes. P. II. S. II. p. 214.

Alveoli separati. P. II. S. II. p. 214.

Alun (Bois changé en mine d') v. *Bois.*

Alyssum, cette Plante doit avoir été trouvée pétrifiée. P. III. p. 70.

Amandes, ce que l'on donne pour des aman-des pétrifiées, ne sont la plûpart que de fausses Pétrifications, P. III. p. 88.

Ambre jaune. v. *Succin.*

Amethyste, l'on en trouve souvent des parti-cules dans les Bois pétrifiés. P. III. p. 18.

Anamites, est souvent pris pour des graines de millet ou de pavot, mais ce n'est la plûpart qu'une fausse pétrification. P. III. p. 81.

Ammon (Jupiter) Divinité du nom de laquel-le derive celui *d'Ammonites.* P. II. S. I. p. 32.

Ammonites, ce que c'est. P. II. S. I. p. 15. Ori-gine de ce nom p. 32. on leur donne aussi celui de *Ceratite, ibid.* de *Serpents pétrifiés*, parce qu'autrefois on les pre-noit pour des Serpents convertis en pier-re. *ibid.* véritable notion de ce mot. *ibid.* les Nautilites, les Lituites, & les Hélicites se rapportent à ce même genre de Pétrification, *ibid.* l'Original des Am-monites n'a point encore été découvert parmi les productions de la Mer, à l'ex-ception d'une très petite sorte, p. 33. d'où l'on conclud que ce sont de véri-tables Coquilles? *ibid.* elles diffèrent beaucoup les unes des autres, par rapport à leur conservation & la nature de la pier-re en laquelle elles se trouvent conver-ties. *ibid.* Ammonites pyriteuses. P. I. p. 44. comment elles prennent leur naiss-ance. P. II. S. I. p. 33. 40. pourquoi les Cornes d'Ammon se trouvent plus souvent pyriteuses que d'autres corps pé-trifiés. p. 40. leur matrice. p. 34. les en-droits où elles sont couchées *ibid.* d'où il vient qu'on les trouve tantôt isolées, tantôt en grand nombre ensemble. *ibid.* leurs différentes espèces. *ibid.* caractères qui les distinguent. p. 34. 35. l'on en trouve tant d'une petitesse extrême que d'une grandeur énorme. *ibid.* pourquoi les circonvolutions des Ammonites ne sont pas separées les unes des autres, comme le sont celles des noyaux des autres coquilles qui sont tournées en spi-rale? P. I. p. 61. l'on a connu les Am-monites déjà dans les tems les plus recu-lés. P. II. S. I. p. 34. pourquoi les Grecs & les Romains n'en ont point fait men-tion dans leurs écrits. *ibid.* pourquoi elles ont été rapportées quelquefois par-mi les pierres precieuses. p. 35. Opini-ons différentes touchant leur origine, les uns en faisant des Serpents, d'autres des Insectes, des Vertèbres, d'autres en-fin des Jeux de la Nature. *ibid.* qui ait été le premier qui les déclara pour des

Coquilles pétrifiées, p. 36. de ce qui reste encore à découvrir par rapport à cette sorte de corps pétrifiés. *ibid.* Auteurs qui en ont traité. p. 37. fort souvent l'on ne peut les discerner qu'après les avoir usées sur la meule. p. 39. certaines sortes d'Ammonites ont leur Siphon au dos. p. 40. caractère qui les distingue des Orthocératites. p. 46. & des Lituites. *Suppl.* p. 135. comment l'on s'assure qu'une Ammonite est dépouillée de son test. P. II. S. I. p. 126. par rapport aux Ammonites de forme ovale les savans sont partagés dans leurs sentimens. *Suppl.* p. 151. l'on trouve des Ammonites, à Aristorf. P. II. S. I. p. 45. à Frenkendorf dans le Canton de Bâle, aux environs de Delémont, & de Roche dans l'Evêché de Bâle. *ibid.* en Bourgogne. *Suppl.* p. 157. à Cahla, & à Altdorf. p. 193. dans le païs de Cobourg. P. II. S. I. p. 45. en Allemagne, en Angleterre, en France, en Suisse, en Italie. p. 34. au Mont-Guppen. P. I. p. 29. sur l'Ettersberg près de Weimar. P. II. S. I. p. 45. en Suisse. p. 38. en Thuringe. p. 40. aux environs de Weimar. p. 126. des figures d'Ammonites se voient. P. I. Pl. XXXVII. fig. 1.2.3. P. II. Pl. I. fig. 1. 2.3.4.5.6. Pl. I. a. fig. 1.2.3.4. Pl. A. fig. 1—14. 15. 16. 17. 20. Pl. A. II. III. A. IV.** fig. 2.3. A. V. fig. 1—7. D. III. a. fig. 4. 5. *Suppl.* Pl. V. c. fig. 7. Pl. VI. fig. 2. 3. Pl. IX. e. fig. 6.

Ammonites Nautiliformes, P. II. S. I. p. 32. représentées. P. II. Pl. I. fig. 4.

Ammonites cryst allisées, sont rares. *Suppl.* p. 193. décrites. *ibid.*

Ammonites ferrugineuses, sont rares. *Suppl.* p. 157.

Ammonites pyriteuses, sont de couleur différente. P. II. S. I. p. 40. l'on en trouve aux environ de Cobourg & de Memelsdorf. *ibid.* des copies y. P. II. Pl. A. fig. 1—12.

Ammonites à vertèbres mobiles, description de ce morceau & explication de cette singularité. P. II. S. I. p. 126.

Ammonites cylindricus lapis suturalis, phrase employée par Mr. KLEIN pour désigner un Orthoceras a cloisons serpentans, *Suppl.* p. 202. v. *Orthocératite.*

Ammon (la Corne d') de RUMPHIUS est l'Original de la Lituite. *Suppl.* p. 136.

Ammon, Cornes d', v. *Ammonites.*

Amphibies pétrifiés, ou *Amphibiolithes,* sont très rares, & d'où cela vient? P. II. S. II. p. 168. l'on y rapporte les Tortuës, les Lézards, les Crocodiles, les Grenouil- les, les Serpents, & les Squelettes de ces Animaux.

Amygdala, Amande, espèce d'Oursin fossile. P. II. S. I. p. 139.

Amygdaloidae, nom que l'on a donné à des pretendües Amandes pétrifiées. P. III. p. 88.

Anacardium occidentale de Mr. VOLKMANN est une fausse Pétrification. P. III. p. 88.

Anachitae, MERCATUS désigne de ce nom une certaine sorte d'Echinite. P. II. S. I. p. 147.

L'Ananas de VOLKMANN, fossile fort suspect; beaucoup plus certaine est la Pétrification de ce Fruit qui se trouve dans le Cabinet de Mr. DAVILA. P. III. p. 83.

Anarrhichus, espèce de Poisson, connù sous le nom de Loup marin, de laquelle viennent les *Bufonites,* suivant Mr. de LINNE'. P. II. S. II. p. 196.

Angleterre, Arbres fossiles déterrés en Angleterre, P. III. p. 4.

Anguilla, Anguille, Poisson qui se trouve pétrifié. P. II. S II. p. 167.

Angulosi, quelle est la sorte de Dents de Poisson que Laid designe de ce nom. P. II. S. II. p. 186.

Anomites, deux sortes de ce fossile. P. II. S. I. p. 75. l'on y rapporte les Hysterolithes. p. 77. l'on en trouve aux environs de Metz, & à Aristorf dans le Canton de Bâle. p. 80. Copie de quelques unes. P. II. Pl. B. IV. fig. 3. 4. 7—10.

Anthopora } noms dont Mr. HOFER désigne
Anthoporites } les Encrinites. P. II. S. II. p. 84. v. *Encrinites.*

Anthracodendron oculatum, espèce de Cérétite. P. III. p. 78.

Anthropolithes, l'on désigne de ce nom les Squelettes d'Homme pétrifiés. P. II. S. II. p. 134. Origine de ce mot. p. 138. l'on doit se garder des récits fabuleux que l'on trouve sur ce sujet chés certains Auteurs, *ibid.* sans cependant rejetter les véritables Pétrifications de ce genre. p. 139. ces dernières sont de la plus grande rareté, que ce soient des cadavres entiers ou seulement des Squelettes. p. 140. l'on examine les exemples qui s'en trouvent rapportés chés les Auteurs. p. 139. 140. en particulier ceux d'Oeningue, de Freyberg, celui du *Pere Kircher,* de Ludovisi, & de Reutlingue. p. 140. parmi les parties détachées que l'on y rapporte l'on compte, les Têtes, les mains, les Pieds, & en général tous les Os humains pétrifiés. p. 140. 141. à cette occasion l'Auteur

teur parle des prétendus Os de Géants foſſiles, & examine ce qui en eſt? p. 143. Si les Anciens ont connû les Antropolithes? p. 177. l'on prétend en avoir déterré à Aix en Provence, & à Fahlun en Suede. p. 139.

Antipathes. P. II. S. II. p. 30. v. *Kératophytes.*

Aparine, Plante qui ſe trouve pétrifiée. P. III. p. 50.

Aparine denſius foliata, l'on en a trouvé la fleur pétrifiée. P. III. p. 70.

Apium montanum, pétrifié. P. 50.

Apomeſoſtomi, genre d'Echinite auquel l'on donne ce nom. P. II. S. I. p. 134.

Arachneolithes.
Arachneolithi. } Araignées pétrifiées, s'il y
Arachnitae.   } en a? P. I. p. 149.
Arachnoidae.

Araignée, Coquillage, v. *Griffes du Diable.*

Arbor triſtis, Mr. de JUSSIEU prétend en avoir trouvé la ſemence convertie en pierre. P. III. p. 93.

Arbres foſſiles, v. *Bois.* &c.

Arbuſcula marina, P. II. S. II. p. 33.

Arca margine integro natibus inflexis, LINN. deſcription de cette Coquille. P. II. S. I. p. 63. ce foſſile a été trouvé à Roche dans l'Eveché de Bâle. p. 64.

Arche, ou *Arche de Noë,* Coquillage. P. II. S. I. p. 14. 70. les Arches foſſiles ſont très rares. p. 70. l'on en trouve à Aristorf. *Suppl.* 153. aux environs de Turin. P. II. S. I. p. 70. Des copies ſe voient, P. II. Pl. B. II. b.* fig. 1. 2. 3. *Suppl.* V. c. fig. 3.

Arches (fauſſes·) ce que c'eſt. P. II. S. I. p. 69. appartiennent au genre des Camites, p. 58. ſe trouvent rarement converties en pierre. p. 70. l'on en trouve dans l'Iſle de Malthe. p. 69. Copies. P. II. Pl. B. II. b. * fig. 1. 2.

Archée, quelle partie on lui attribuoit dans la formation des Foſſiles étrangers à la Terre. P. I. p. 87.

Archipélagite, eſpèce de dendrite. P. I. p. 115. v. *Dendrite.*

Arêtes de Poiſſon, on les trouve pétrifiées. P. II. S. II. p. 165.

Argent, les Pétrifications que l'on prétend contenir des particules d'argent, ont beſoin d'être examinées encore de plus près. P. I. p. 43·

Argi, LUID ſe ſervit de ce mot, pour déſigner les machoires dépouillées de leurs dents. P. II. S. II. p. 153.

Argile, elle ſert quelquefois de matrice à des corps pétrifiés. P. I. p. 16.

Argonautes, l'on déſigne de ce nom les Nautiles qui ne ſont point chambrés. P. II. S. I. p. 44. v. *Nautilites.*

Argus Islandicus. v. *Oscabiörn d'Islande.*

Argyroconchites d'ALDROVANDUS. P. II. S. I. p. 128.

ARISTOTE, fût meilleur Naturaliſte que Lithologiſte. P. I. p. 81. il ſoutient une Génération equivoque p. 83. & fit naître par là l'idée des Jeux de la Nature que l'on imagina dans la ſuite. *ibid.* s'il a connû les Buccinites? P. II. S. I. p. 95.

Armata Veneris, Mr. BRUCKMANN déſigne de ce nom la Trilobite. P. III. p. 105.

Arroſoir, Coquille, ſi elle a été trouvée pétrifiée. P. II. S. II. p. 253.

Articuli ſtellae marinae forma rotae, centro cavi, phraſe par laquelle l'on déſigne les Trochites. P. II. S. II. p. 65.

Arundo paluſtris, l'on doit l'avoir trouvé pétrifiée. P. III. p. 74.

Arundo ſaccharina, pétrifiée. P. III. p. 74.

Arundo ſativa BAUHINI, pétrifiée. P. III. p. 74.

Arundo vulgaris maxima, de même. P. III. p. 74.

Asbeſte, elle ne renferme jamais des corps pétrifiés. P. I. p. 19.

Aſellus, eſpèce de Poiſſon, qui ſe trouve pétrifiée. P. II. S. II. p. 167. c'eſt à ce Poiſſon que l'on attribue le *Lapis Aſellorum. ibid.*

Aſſulae, ce que c'eſt. P. II. S. I. p. 143.

Aſſulae Ulmi, v. *Orme.*

Aſtacolithe, Aſtacolithus, l'on déſigne de ce nom les écreviſſes pétrifiées, P. I. p. 123. ſurtout celles à longues queues. *ibid.* v. *Ecreviſſes.*

Aſtacolithus Gammari, quelle eſt la ſorte d'Ecréviſſe à laquelle on donne ce nom. P. I. p. 123.

Aſtacolithus lacerti minoris aſtaci, phraſe par laquelle on a déſigne les Pinces d'écréviſſe pétrifiées. P. I. p. 123.

Aſtacolithus Locuſtae, quelle eſpèce d'Ecréviſſe que c'eſt. P. I. p. 123.

Aſtacolithus Squillae, quelle eſpèce d'Ecréviſſe que c'eſt. P. I. p. 123.

Aſtacopodium, Mr. LUID s'eſt ſervi de ce mot, pour déſigner une Pince d'écréviſſe pétrifiée. P. I. p. 123.

Aster montanus, l'on en a trouvé la fleur pétrifiée. P. III. p. 70. elle a été déterrée à Ihlefeld. p. 65.

Aster pyrenaicus angustifolius, v. *Aster montanus*.

Asteria de PLINIUS, n'est point ce que l'on appelle aujourdhui du nom d'*Astérie*, P. II. S. II. p. 111. comment on la distingue de cette dernière. p. 80.

Astéries, Asteriae, leurs différentes dénominations. P. II. S. II. p. 77. *et suiv.* leur forme, *ibid.* d'où se tirent les meilleurs caractères pour les classifier. *ibid.* Astéries rondes, v. *Astéries de forme orbiculaire*, gravures de différentes sortes qui se voient sur leurs surfaces plattes des deux côtés, P. 79. *et suiv.* ce n'est pas la diversité de ces gravures qui en distingue les différentes espèces. p. 80. le trou qui les perce au milieu, est le siphon, qui est constamment, dans toute sorte d'Astérie, de même forme, c'est à dire circulaire. *ibid.* les Astéries sont ordinairement d'une épaisseur peu considérable, *ibid.* leur couleur, qui varie. p. 80. l'on doit se garder de confondre ces Astéries avec l'*Astéria* de PLINE, de de même qu'avec les *Astroïtes*. p. 81. comment elles se distinguent de ces dernières. *ibid.* l'état dans lequel elles se trouvent depuis qu'elles ont passé dans le Regne des Fossiles. p. 106. elles sont d'une substance spathique, *ibid.* pourquoi elles le sont toujours? P. I. p. 15. 23. il est très rare d'en trouver de pyriteuse. P. I. p. 44. leur matrice, P. II. S. II. p. 106. leurs empreintes, p. 107. celles-ci méritent de l'attention. p. 108. souvent elles sont endommagées. *ibid.* pourquoi les Naturalistes anciens les rangèrent avec les Pierres judaïques, p. 111. les Astéries doivent leur nom à C. GESNER. p. 111. si elles doivent leur naissance aux siphons d'une certaine sorte d'Orthocératite, p. 97. 100. le corps marin auquel elles la doivent c'est la Pentacrinite. p. 100. WORM a eu sur ce sujet une idée singulière. p. 113. on les trouve, aux environs de Goslar, de Calenberg, de Querfourt, en Franconie, à Lubeck, dans le pais de Hesse, en Saxe, en Turinge, à Halle, en Silesie, à Massel, à Francfort sur l'Oder, à Angerbourg, en Suisse, en Angleterre, en France, en Espagne, dans la Lorraine, aux environs de Brunswic & d'Hannovre. P. II. S. II. p. 109. 116. Des copies se voient P. I. Pl. XXXV. fig. e. h. Pl. XXXVI. fig. 1.

Astéries de forme orbiculaire, leurs différentes espèces. P. II. S. II. p. 77. 78.

Astéries de forme pentagone à pans échancrés, P. II. S. II. p. 78.

Astéries dont le contour fait un pentagone régulier. P. II. S. II. p. 78.

Astéries ornées d'une gravure qui imite une fleur à cinq pétales. P. II. S. II. p. 78.

Astéries à cinq pans fort échancrés. ibid.

Astéries à rayons un peu recourbés. P. II. S. II. p. 79.

Astéries à trois côtés, leur existence n'est pas encore constatée. ibid.

Astéries à quatre coins. P. II. S. II. p. 79.

Astéries à cinq sinuosités circulaires. ibid.

Astéries à six coins. P. II. S. II. p. 79. l'on n'est pas encore sûr qu'il y en ait. ibid.

Astéries en colonne, Asteriae columnares, ce que c'est, P. II. S. II. p. 63. leurs dénominations & leur forme. p. 81. les différentes façons dont leurs parties s'engrainent les unes dans les autres. ibid. les engrainures en forme de chaîne ne se font rencontrées jusqu'ici que parmi celles de forme cylindrique. p. 81. leur longueur varie beaucoup. p. 81. pourquoi il est rare d'en trouver d'une longueur considérable & qui égale celle des Entroques, p. 83. 108. leurs accidens, p. 82. pourquoi la substance pierreuse qu'elles ont prise, diffère toujours de celle de leur matrice. P. I. p. 23. elles doivent leur origine au Palmier marin, P. II. S. II. p. 100. l'on en trouve qui sont garnies de petits boutons, p. 82. Auteurs qui ont écrit sur les Astéries en colonne. p. 82. l'on trouve de ces Astéries à 4. 5. & 6. pans. p. 81. des cylindriques. ibid. à tubercules. p. 82. *Des Astéries en colonne rameuses*, voy. la phrase suivante. On les trouve à Echterdingen. *Suppl.* p. 174. & dans la Franconie. p. 179. Des figures se voient, P. I. Pl. XXXV. fig. g. m. *Suppl.* Pl. VII. g. fig. 4—9.

Astéries en colonne rameuses, Asteriae columnares ramosae, leurs noms & leur forme. P. II. S. II. p. 82. elles sont très rares & la plûpart endommagées. *ibid.* idée que Mr. CAPPELER a hazardée sur ce sujet, examinée. p. 83.

Asteriae entrocho similes, dénomination dont on trouve quelquefois désignées les *Astéries en colonne*. P. II. S. II. p. 82.

Asteriae pentaphylloideae. P. II. S. II. p. 77.

Astrapius, si PLINE peut avoir entendu sous ce nom la Bélemnite. P. II. S. II. p. 219.

Astroites, Astroitae, ce que c'est ? P. II. S. II. p. 7. leur nature, p. 26. leur forme, & les caractères qui les distinguent. p. 52. leurs dénominations, p. 26. on les rangeoit autrefois parmi les Pierres précieuses, *ibid.* comment on les distingue des Madréporites, p. 26. 27. des Tubiporites, des Rétéporites, des Fongites, des fausses - Astroites. p. 27. des Astéries. p. 27. 80. 81. Corps marins auxquels les Astroites doivent leur origine, p. 27. grande diversité qui se rencontre parmi les Fossiles de ce genre, *ibid.* surtout dans la forme & la grandeur des Etoiles. p. 28. leurs espèces différentes, *voy. plus bas.* les Astroites furent connués sous ce nom déjà du tems de GESNER. P. II. S. II. p. 39. KENTMANN y distingua des mâles & des femelles. p. 40. MERCATUS débite bien des fables sur leur compte. *ibid.* plusieurs Naturalistes les regardent comme des Jeux de la Nature. *ibid.* Mr. GUETTARD les désigne du nom *d'Héliolithe. Suppl.* p. 156. & ne donne le nom *d'Astroite* qu'à une seule espèce. *ibid.* l'on en trouve dans la Birse, rivière du Canton de Bâle, près de St. Jacques. *Suppl.* 170. dans l'Evéché de Bâle. P. II. S. II. p. 52. 53. 57. dans le Canton de Bâle, p. 52. à Pfeffingen, p. 53. aux environs de Maestricht. *Suppl.* p. 162. 163. 166.—168. Des copies se voient, P. II. Pl. F. III. 2. fig. 5. Pl. F. V. Pl. F. VI. fig. 1. 2 3. 4 Pl. F. VIII. fig. I *Suppl.* Pl. VI. c. fig. 1. 5. 6. 7. Pl. VI. d. fig. 6. 7. 8. Pl. VI. e, fig. 6. Pl. VI. g. fig. 1. 2. 3.

Astroites dont les rayons ne touchent pas au centre. P. II. S. II. p. 28.

Astroites à étoiles anguleuses de forme irrégulière. P. II. S. II. p. 28.

Astroites à rayons recourbés. *ibid.*

Astroites à rayons droits, qui forment des étoiles rondes, sans bords. P. II. S. II. p. 28. à étoiles garnies de bords. *ibid.*

Astroites à étoiles formées par des rayons en forme de massue. P. II. S. II. p. 29.

Astroites à rayons allongés d'un côté & raccourcis de l'autre. *ibid.* v. *Cométites.*

Astroites de forme conique, leur origine. *Suppl.* p. 163.

Astroites à rayons élevés & courbés *Suppl.* p. 163.

Astroites colomnaires, leur description, surtout de celles qui se trouvent aux environs de Maestricht. *Suppl.* p. 162.

Astroites tuberculeuses, leur structure, *Suppl.* p. 163.

Astroites (fausses-) ce que c'est, P. I. p. 101. 107. on les trouve aux environs d'Altenbourg & de Chemnitz, p. 107. celles qui viennent de la Schneekoppe décrites. p. 107. comment on les distingue des véritables Astroites *ibid.* P. II. S. II. p. 27.

Astroitae entrocho similes, phrase par laquelle on désigne quelquefois les *Astéries en colonnes.* P. II. S. II. p. 82.

Astroitae pervii ramosi, nom que l'on donne à des *Madréporites.* P. II. S. II. p. 10. v. *Madréporites.*

Astropecten, espèce d'Etoile de mer, P. II. S. II. p. 259. on l'a trouvé convertie en pierre, p. 261. v. *Etoiles de Mer.*

Astropectines echinati minores. Suppl. p. 175.

Astropectinites, espèce d'Etoile de Mer. *Suppl.* p. 175.

Astrophyton, espèce d'Etoile de Mer. P. II. S. II. p. 260. a été trouvé pétrifiée, p. 261.

Astrophyton arachnoideum, espèce d'Etoile de Mer. P. II. S. II. p. 260.

Astrophyton costosum, espèce d'Etoile de Mer. P. II. S. II. p. 260.

Astrophyton scutatum, espèce d'Etoile de mer, décrite, P. II. S. II. p. 260. *Suppl.* p. 173. & définie, *Suppl.* Pl. VII. a. fig. 9. 10.

Astropodium, signification de ce mot employé per LUID, P. II. S. II. p. 65. il s'en servit aussi pour désigner les Trochites. *ibid.*

Astropodium clavellatum, P. II. S. II. p. 261.

Astropodium multijugum. Ibid.

Astropodium pentagonum, désigne la base de l'Encrinite. P. II. S. II. p. 85. *

Astropodium ramosum, P. II. S. II. p. 16. 261.

Avicenne, supposoit une *vis plastica,* à laquelle, suivant lui, les Pétrifications devoient leur origine. P. I. p. 34. 83. 88. P. II. S. I. p. 14.

Aulne, Bois d', pétrifié, *Clethrites.* P. III. p. 2. 14.

Aulne, le fruit de cet Arbre doit avoir été trouvé pétrifié aux environs de Commodau. P. III. 91.

Aura seminalis, ce qu'on a entendu par là? P. II. S. I. p. 14. comment cette doctrine a pris naissance. P. I. p. 83.

Aurantia marina, Oranges de Mer, pourquoi les Echinites sont ainsi appellées. P. II. S. I. p. 133.

Aurata, v. *Dorade.*

Aurone mâle pétrifiée, P. III. p. 15.

B.

Babouin, Pétrification qui s'y rapporte, P. II. S. II. p. 152.

Bacilli, dénomination dont on a désigné les Pinces d'Ecrevisses, P. I. p. 113.

Baculi Pauli, sont des Pointes d'Oursin, P. I. S. I. p. 144. v. Oursins.

BAIER, Naturaliste, qui doutoit encore de l'origine animale des Bélemnites, P. II. S. I. p. 30.

Balani fossiles / Balani lapidei } noms que l'on donne aux Balanites ou Glands de mer fossiles, P. II. S. II. p. 256. v. Balanites.

Balanites, Origine de cette dénomination. P. II. S. II. p. 256. ce sont des Coquilles multivalves, & qui ne doivent pas être confonduës avec le Balanite de PLINE, ibid. les espèces que l'on en connoit, sont, la Tulipe, p. 156. la grande Balanite de forme cylindrique, celle de forme conique à bouche pointuë, p. 257. & la Balanite striée. ibid. observation touchant le nombre des lames dont elles sont composées, ibid. si dans leur naissance la coquille des Balanites est toujours lisse. ibid. les Balanites se trouvent presque toujours groupées avec d'autres corps fossiles, ibid. quelquefois l'on en trouve qui ne sont point converties en pierre, quoiqu'elles adhèrent à des corps qui le sont. P. I. p. 31. elles ne sont plus si rares aujourdhui qu'elles l'étoient autrefois, P. II. S. II. p. 258. la plûpart elles sont simplement calcinées. ibid. l'on en trouve, dans le Piemont, en Suede, aux environs de Pise, de Siéne, de Bologne, en Suisse, à Neufchâtel, à Bâde, au Languedoc, dans l'Isle de Malthe, à Arrignano, Andona, en Italie, en Sibérie, en Pologne, p. 258. Des copies se voient, P. II. Pl. k. fig. 1—5. Pl. k. l. fig. 4—9.

Balanites, certains Auteurs se sont servis de ce mot, pour désigner des Glands pétrifiés. P. III. p. 90, v. Glands.

Balanites de PLINE est la Pierre judaïque. P. II. S. I. p. 144. S. II. p. 256.

Balanus major tulipae vel tintinnabuliformis. P. II. S. II. p. 256.

Balanus ore ampliore, major latus. P. II. S. II. p. 256.

Balari, espèce particulière de poissons à coquille, si la Bélemnite peut y être rapportée? P. II. S. II. p. 217.

Baleine, détail des différentes sortes d'Ossements fossiles que l'on en a, P. II. S. II. p. 163.

Bambou, l'on doit en avoir trouvé de pétrifié, P. III. p. 74.

Baobab, le fossile que CALCEOLARIUS rapporte sous le nom de ce fruit, n'est point de véritable pétrification. P. III. p. 88.

Barbeau, espèce de poisson, pétrifiée. P. II. S. II. p. 167.

Barbillons, appendices qui garnissent la tête de certaines sortes de poissons, P. II. S. II. p. 165.

BARTHOLIN (Gaspard) fut le premier qui découvrit, que l'Unicornu fossile ou la Licorne fossile devoit son origine à un Poisson, P. II. S. II. p. 181.

Base d'Encrinite, sa forme & ses différentes dénominations. P. II. S. II. p. 85. elle est composée de différentes parties. ibid. ses variétés, & s'il y en a à treize pans? ibid. l'on en voit des copies, P. I. Pl. XXXVI. fig. 14—17.

— — de la Pentacrinite, Suppl. p. 177. on la trove dans le Canton de Soleurre ibid.

Basis Encrini, v. l'Article précédent.

Batrachite, l'on désigne de ce nom les dents fossiles d'une certaine sorte de poisson, P. II. S. II. p. 190. d'où ce nom dérive? ibid.

Batrachyti, Dents de poisson fossiles. P. II. S. II. p. 185.

Becanus, eût des idées justes touchant les Pétrifications. P. I. p. 85.

Belemnitae ad mucronem distorti. P. II. S. II. p. 118.

Belemnitae arcuati. P. II. S. II. p. 115.

Belemnitae ari pistillum referentes. P. II. S. II. p. 114.

Belemnitae binis ad apicem sulcis. P. II. S. II. p. 115.

Belemnitae bisulci. ibid.

Belemnitae cavi. P. II. S. II. p. 112.

Belemnitae electrini. P. II. S. II. p. 116.

Belemnitae fusiformes. P. II. S. II. p. 114.

Belemnitae monosulci. P. II. S. II. p. 125.

Belemnitae nucleo concamerato. P. II. S. II. p. 112.

Belemnitae nucleo simplici. ibid.

Belemnitae Prussici, origine de cette dénomination. P. II. S. II. p. 116.

Belemnitae semidiaphani. ibid.

Belemnitae semipellucidi. ibid.

Belem-

Bélemnite, origine de ce mot, & des autres
noms que l'on donne à ce fossile. P. II. S.
II. p. 211. on le rangeoit autrefois parmi
les pierres qui étoient formées, suivant
les idées des anciens, dans les nues &
comboient avec la foudre, & qu'on ap-
pelloit pour cela des pierres de foudre
ou de tonnerre. *ibid.* si la Bélemnite est
le *Lyncurius* des Anciens, *ibid.* quant à
la forme, il y en a de coniques, de cylindriques, de fusiformes. p. 212. leur
grandeur varie extrémement. *ibid.* le
tissu interne en est toujours fibreux. p.
213. & dans les fractures ce tissu se fait
voir en deux manières. *Suppl.* p. 143.
ce qui s'entend en particulier de celles où
le tissu radieux est croisé par des cercles
concentriques, *ibid.* dans sa couleur ce
fossile varie extrémement. P. II. S. II.
p. 213. Des alvéoles. v. *Alvéoles.* Siphon des Bélemnites. p. 213. souvent
elles ont été confondues avec d'autres
fossiles, avec les Orthocératites, les Que-
ües d'écrevisse, les Stalactites. p. 214.
de l'origine des Bélemnites. p. 215. *suiv.*
les uns la cherchoient dans le Regne minéral. p. 215. 218. d'autres dans le végétal, & d'autres encore dans le Regne
animal. p. 215. 216. 218. on les prenoit tantôt pour des dents, tantôt pour
des vertèbres, pour des holothuries. p.
216. 217. pour des polypes, des piquants d'oursin, des bouts des rayons
de quelque sorte d'Etoile de Mer cartilagineuse, pour une espèce de Pholade du
genre de celles que l'on connoit sous le
nom de *Dactylus marinus.* p. 217. 219.
220. l'opinion la plus reçuë est celle qui
les regarde comme un fossile qui doit
son origine à un animal testacé, de la
famille des Tuyaux de mer. p. 217. 218.
220. l'on en démontre l'origine animale.
p. 219. 220. s'il en existe un original véritable? p. 217. l'on examine les recits
de Mr. TOZZETTI & du D. FERMIN.
p. 217. 218. 220, 221. il reste encore
bien des recherches à faire touchant ce
fossile. *Suppl.* p. 144. l'on voit des Bélemnites qui ne finissent point en pointe,
mais par des bouts arrondis. *ibid.* les Bélemnites se divisent I.) en opaques, qui
se sousdivisent, en 1.) Bélemnites de
forme cylindrique. P. II. S. II. p. 223.
2.) de forme conique, où l'on rapporte
aussi celles d'une forme pyramidale. p.
224. 3.) fusiformes. *ibid.* dont on ne
sauroit contester l'existence. *ibid.* 4.)
sillonnées. p. 225. 5.) recourbées, mais
qui sont extrémement rares. *ibid.* v. *Bélemnite courbée.* II.) en transparentes,

qui ne diffèrent des autres que par
leur transparence. p. 226. comment elles ont pû acquerir cette qualité, *ibid.*
états & changemens différens que ces
corps ont subis depuis qu'ils ont passé
dans le Regne des fossiles. P. II. S. II.
p. 227. la plus grande partie que l'on en
trouve, est fruste. p. 227. 228. si l'on
est fondé de soutenir qu'il n'existe aucune Bélemnite entière? p. 227. d'où il
vient probablement qu'elles sont d'une
substance spathique & d'un tissu fibreux?
ibid. si elles sont entiérement dépouillées
de leur test? p. 228. souvent l'on en
trouve qui sont garnies de Vermisseaux
de mer ou d'autres sortes de Coquilles.
ibid. si chaque sorte de Bélemnite a, dans
le sein de la terre, son espèce particulière
de coquilles pour compagne? p. 229. elles sont ou pétrifiées ou métallisées. p.
229. LUID fait mention d'une Bélemnite cuivreuse, P. I. p. 43. ferrugineuse,
ibid. les pyriteuses ne sont pas rares aux
environs de Boll dans le Duché de Wirtemberg. P. I. p. 44. si le noyau pierreux
d'une Bélemnite peut prendre un degré de
pétrification assez fort pour lui faire donner du feu, quand il est frappé contre
l'acier. P. II. S. II. p. 229. leurs matrices.
p. 230. si chaque sorte de Bélemnite a sa
matrice particulière, qui lui est propre
& d'une substance différente de celles des
autres. *ibid.* ordinairement il ne se trouve dans un même endroit qu'une seule
sorte de Bélemnites. *ibid.* Auteurs qui
ont donné des Traités ou des Mémoires
particuliers sur ce fossile. P. II. S. I. p.
29. S. II. 221. *suiv.* anciennement on lui
attribuoit une vertu médecinale. p. 235.
GESNER fût le premier qui en donna
une copie. p. 236. jusqu'au tems de
LUID les Bélemnites ne furent point regardées comme des corps pétrifiés. p.
237. & *suiv.* quoiqu'il y ait beaucoup d'
affinité entre les Bélemnites & les Orthocératites, l'on doit avoir soin de les
distinguer les unes des autres. P. II. S. I.
p. 46. si, dans son état naturel le test de
la Bélemnite est la demeure d'un Polype?
P. II. S. II. p. 143. *suiv.* l'on en trouve
en Bavière, P. II. S. I. p. 111. aux environs des Bains de Boll. P. II. S. II. p.
236. en Angleterre, en Ecosse, près
d'Hildesheim, de Potsdam, en Mone Isle
de la Mer Baltique. p. 237. aux environs
de Nuremberg, en Saxe, en Siléfie, près
de Lubeck. p. 237. en Piemont. p. 230.
en Souabe & Franconie, dans les terres
de Brunsvick, aux environs de Salzthal,
de Goslar, de Calenberg, de Nirndrop,
d'An-

d'Angerbourg, en Prusse, vers Francfort sur l'Oder, en Suisse. près de Berne p. 231. en Espagne, en Suede. *ibid.* aux environs de Niendorp, d'Altorf, dans le Lionnois, le Florentin, le Beaujolois. p. 239. aux environs de Gienguen. *ibid.* à Muttenz, à Prattelen, p. 241. *suiv.* à Schein près de Maſtricht. p. 225. à Lauffenbourg, dans la Principauté de Furſtemberg. *Suppl.* p. 145. près de Warwick, ville d'Angleterre. *ibid.* Des copies ſe voient, P. II. Pl. I. Pl. 1ª Suppl. Pl. IV. f.

Bélemnites de forme cylindrique. P. II. S. II. p. 223.

Bélemnites fuſiformes. P. II. S. II. p. 224. *suiv.* l'on ne ſauroit en conteſter l'exiſtence. *ibid.*

Bélemnites opaques. P. II. S. II. p. 224.

Bélemnites de forme pyramidale. P. II. S. II. p. 224.

Bélemnites à ſillons. P. II. S. II. p. 225.

Bélemnites à pointe recourbée, LUID fût le premier qui ait parlé de Bélemnites recourbées. P. II. S II. p. 225. ſi celles dont Mr. SCHEUCHZER a fait mention, doivent ſe rapporter parmi ce nombre, c'eſt ce qui n'eſt pas encore décidé quoiqu'elles doivent avoir été trouvées en Suiſſe. *ibid.*

Bélemnites alia Belemnite praegnans n'eſt point d'eſpèce particulière de Bélemnite. P. II. S. II. p. 226.

Bélemnites cavitate cylindrica curvata, flexurae tubuli marini aemula. P. II. S. II. p. 226.

Bélemnites conicus biſulcus alveolo ſuo orbatus. P. II. S. II. p. 240.

Bélemnites entrochi inſtar geniculatus, eſt ou un Alvéole, ou un individu qui doit ſa conformation à quelque accident. P. II. S. II. p. 226.

Bélemnites lamellatus. P. II. S. II. p. 227.

Bélemnites polymitus, ſa deſcription. *Suppl.* p. 146. conf. avec P. II. S. II. p. 226.

Bélemnites tuberoſus de LUID, ce que c'eſt? P. II. S. II. p. 226.

BERGMANN Mr. Thorbern, ſon Syſtème cosmologique. P. p. 78.

BERINGER, Scene comique qu'il donna. P. II. S. I. p. 30.

Bethléem, Lentilles de, v. *Lentilles.*

Bibliolithi, nom dont on déſigne les feuilles pétrifiées. P. III. p. 44.

Bivalva, les Anglois déſignent de ce nom la Trilobite. P. III. p. 106. v. *Trilobite.*

Blé de Turquie, v. *Epi.*

Bleicherode, d'une Fontaine de cet endroit, qui charie un Sable mêlé de petits Oſſelets. P. II. S. II. p. 171.

BOCCONE, s'eſt acquis beaucoup de mérite par le jour qu'il a repandu ſur l'Hiſtoire naturelle des Coraux. P. II. S. II. p. 41.

Boeufs, Oſtéolithes de cet animal. P. II. S. II. p. 149.

Bohême, des Arbres pétrifiés qui ſe trouvent dans ce Pais. P. III. p. 4.

Bois pétrifiés, foſſiles, caractères auxquels on les reconnoit, P. III. p. 1. noms différens dont on les déſigne. p. 1. on peut les conſidérer ſous différens points de vue par raport aux changemens qu'ils ont ſubis. p. 7. à les conſidérer en général on peût les ranger ſous quatre Claſſes. I. BOIS *convertis en pierre:* p. 7. en parlant des Bois de Mr. VOLCKMANN, l'Auteur communique ſes reflexions, combinées avec celles de Mr. le D. GUNTHER *de Cabla.* p. 8. 9. qui ſe trouvent confirmées. P. I. p. 65. du foſſile de Chemniz quel'on connoit ſous le nom de *Staarenſtein.* P. III. p. 11. de la *Pierre étoilée* du même endroit. *ibid.* v. *Pierres de Chemniz.* Il eſt ſouvent fort difficile de déterminer la nature & l'eſpèce d'un morceau de Bois pétrifié. p. 15. 16. la nature de la pierre en laquelle on les trouve convertis, varie beaucoup, p. 16. l'on en voit de calcaires, de gypſeux, d'argilleux, d'arénacés. *ibid.* point de ſpathiques, P. I. p. 9. mais bien en jaſpe & en agathe, & même en criſtal, P. III. p. 17. 18. du Bois dont une partie a conſervé ſa ſubſtance. p. 18. pourquoi les Bois ſont ſuſceptibles du plus haut degré de pétrification. P. I. p. 8. comment ils peûvent être convertis en pierre, & comment s'y opèrent l'évaporation & l'imprégnation. P. III. p. 18. & *ſuiv.* ce n'eſt pas toute ſorte d'eau ſans diſtinction, ni toute ſorte de particules terreſtres indifféremment, qui ſoit propre à opérer ces changemens. P. III. p. 19. des endroits où le bois qui s'y trouve couché, ne peût point prendre de nature pierreuſe. *ibid.* les différentes ſortes des Bois ſont ſouvent difficiles à diſcerner. p. 21. une ſorte eſt plus propre à être convertie en pierre que l'autre. *ibid.* Les Bois pétrifiés ne ſe rencontrent pas facilement avec les Coquilles de Mer pétrifiées. P. I. p. 27. P. III. p. 20. 30. *ſuiv.* combien il faut de tems pour achever la pétrification d'un morceau de bois. P. III. p. 20. *ſuiv.* l'on doit ſe garder de prendre

dre pour du Bois pétrifié tout ce que l'on nous donne pour tel. P. III. p. 20. II. BOIS *métallisés*, comment ce changement s'opère. p. 21. tel est le Bois qui contient de la mine d'argent. P. I. p. 43. P. III. p. 21. si l'on doit y rapporter le *Fossile de Frankenberg* connu sous le nom de *Stangengraupen*. P. III. p. 21. v. *Frankenberg Fossile de*. Le Bois cuivreux. p. 22. si la couleur verte du bois fossile vient de la mine de cuivre? p. 22. dans ce genre l'on connoit en particulier les Bois de Grosbuseck & de Cobourg, quoiqu'il soit encore douteux, s'ils contiennent réellement du cuivre. P. I. p. 43. le Bois ferrugineux est de tous les Bois minéralisés le plus commun. P. III. p. 22. quoiqu'il ne soit pas tout de même nature, *ibid*. Souvent le fer s'y trouve minéralisé sous sa forme ordinaire, *ibid*. le Bois pyriteux. P. I. p. 43. P. III. p. 23. Sa nature, & comment le bois l'acquiert. P. III. p. 23. l'on doit se garder de confondre avec ces Bois des jeux de la Nature qui en imitent quelquefois la figure. *ibid*. III. BOIS *pénétrés de particules salines ou bitumineuses*. P. III. p. 23. ce ne sont pas proprement des Bois pétrifiés *ibid*. De ce nombre sont a.) le bois alumineux, *ibid*. & P. I. p. 48. à quoi on le reconnoit, & où l'on en trouve P. III. p. 23. b.) le vitriolique. P. III. p. 23. c.) le bitumineux, *Lignum fossile bituminosum*. *ibid*. observations sur cette sorte de Bois. P. I. p. 47. IV. BOIS *qui ont perdu beaucoup de leur substance sans en avoir été dédommagés par l'accès de quelque matière étrangère*. P. III. p. 24. tels sont: a.) les Bois décomposés en terre, dont on explique la nature. *ibid*. quels sont ceux dont on fait quelque cas. P. I. p. 56. b.) les Bois incrustés, comment ces incrustations se forment, P. III. p. 24. c.) les Bois renfermés dans des pierres, sans avoir changé de nature, P. III. p. 24. d.) les Bois fossiles qui se sont conservés dans leur état naturel. P. I. p. 49. comment ils ont pû se conserver. P. III. p. 24.

L'on a trouvé des Arbres entiers convertis en pierre, au Joachimsthal, à Chemniz, aux environs de Leipsie, de Kiffhausen, de Rabenstein, de Laubac, de Fulda, de Cobourg, de Nuremberg, en Suisse, à Adelsdorf. P. III. p. 1. 3. en Bohème, à Cronstadt, à Landshut, en Angleterre, en Irlande, à Krackewiz, à Ellnbogen, à Longh-Neagh. p. 4. à Szintlo, à Lemberg, en Arabie. p. 5. des Arbres pénétrés de Bitume, en Angle-

terre, en Allemagne, en Russie, dans la Lusace, à Brugges, en Frise, à Groeningue, à Lunebourg. p. 5. Ces Arbres souterrains sont couchés ordinairement dans le même sens. p. 6. phénomène qui fournit matière à différentes reflexions. *ibid*. On n'en rencontre pas facilement dans des terrains secs. *ibid*. Ils varient beaucoup par rapport à la nature de la pierre en laquelle ils se trouvent convertis. La plûpart ce sont des Bois indigènes. *ibid*. La plus grande partie de ces Arbres se trouve fendue en travers dont on tache de rendre raison. *ibid*. Collections considérables d'Arbres fossiles. p. 6. Histoire mémorable d'une Poutre que l'Empereur François I. a fait tirer du Danube. P. I. p. 4. 5. combien il faut de tems jusqu'à ce qu'un Arbre soit changé en pierre. P. I. p. 5.

Ce que l'on trouve le plus frequemment parmi les Bois pétrifiés, ce sont des fragmens du tronc de quelque arbre. P. III. p. 25. Les écorces sont moins fréquentes. *ibid*. outre cela l'on trouve aussi des Rameaux & des Racines. p. 23. 26. v. *Racines* La couleur de ces Bois fossiles varie extrémement, phénomène dont on tache de rendre raison. P. III. p. 26. *suiv*. & en particulier de la couleur noire qu'on leur voit souvent. p. 27. bien des morceaux se font remarquer, par les anneaux, les Cercles, les fibres, &c. que l'on y découvre. *ibid*. souvent on lui trouve des taches d'une couleur qui diffère de celle du reste, d'où cela vient. *ibid*. Parmi ces Bois pétrifiés l'on peut distinguer encore ceux qui ont été travaillés, avant que de passer dans le Regne des Fossiles, de ceux qui ne l'ont point été. p. 27. ainsi l'on trouve des Buches pétrifiées, des Ais, des Pals, des Echalas, des Poteaux, des Piliers, des Chevilles, des Coins, des Manches de haches ou de marteaux, des Seaux, p. 28. des fragmens d'Echelles, des morceaux de bois auxquels tiennent encore des cloux de fer, & qui portent les marques des coups de hache qu'ils avoient reçûs autrefois. p. 29. l'on en trouve aussi des morceaux froissés, fendus, pourris, vermoulûs. *ibid* même des bois reduits en charbon qui ne laissent pas d'avoir subi un degré de pétrification des plus parfaits. p. 30. mais il est impossible qu'ils prennent la nature du silex. P. III. p. 37. si l'on rencontre de grands amas de Bois fossiles ensemble, c'est un phénomène dont il faut chercher la cause dans les Ouragans. p. 31.

Maestricht, p. 95. à Siène, Turin, Goslar, Vérone, en Suisse, en Hongrie, dans l'Isle de Malthe. *ibid.* à Hildesheim. p. 89. en Transylvanie. p. 101. à Sternberg dans le Duché de Mekelbourg. p. 94. en Hongrie, p. 103. Des copies se voient: P. II. Pl. C. I. fig. 2. Pl. C. I.* fig. 1. 2. Pl. C. II. fig. 5. 7—12, 14—18, Pl. C. II.* fig. 1—5. Pl. C. IV. fig. 2. 3. 7. 8. *Suppl.* Pl. V. a. fig. 7.

Buccinites pyriteuses, l'on en trouve en Angleterre. P. II. S. I. p. 40.

Buccinum. v. *Buccina.*

Buches de Bois pétrifiées. P. III. p. 18.

BUFFON, *Mr. le Comte de*, refuté, en ce qu'il admet des Pétrifications dans le Porphyre, P. I. p. 10. 11. ce Naturaliste croit que tous les corps pétrifiés, même ceux que l'on trouve séparés & isolés, ont été renfermés un jour dans quelque matrice. p. 11. son Système de Cosmologie. p. 78.

Bufonitae sont des Dents de Poissons pétrifiées. P. II. S. II. p. 185.

Bufonitae Dorso plano rugoso, quel est le genre de Poisson auquel appartiennent les Dents que l'on désigne par cette phrase. P. II. S. II. p. 192.

Bufonitae orbiculati hemisphaerici majores. P. II. S. II. p. 191.

Bufonitae orbiculati hemisphaerici minores. ibid.

Bufonitae orbiculati planiusculi. ibid.

Bufonites, quelles sont les sortes de Poissons dont les Dents fossiles sont désignées de ce nom, & d'où il tire son origine. P. II. S. II. p. 190. *suiv.* leurs espèces différentes. *ibid.* leurs couleurs. p. 194. de quel genre de poisson Mr. de LINNE les dérive. p. 195. suivant d'autres elles viennent du *Grondeur.* p. 196. l'on croit que les petites viennent de la *Dorade.* ibid. Opinions différentes touchant leur origine & leurs vertus médecinales. p. 201. *suiv.* on les rangea sous les *Ombrias.* p. 201. WORMIUS croit qu'elles croissoient dans les pierres à la manière des Champignons. p. 203. Quant aux endroits où l'on en trouve v. *Dents de Poissons.*

L'on désigne aussi de ce nom certaines espèces d'*Echinites*, & d'où cela vient? P. II. S. I. p. 133.

le Buis. Buxus, s'est rencontré parmi les fossiles. P. III. p. 50.

Bullites ce que c'est? P. II. S. I. p. 17. comment elles se distinguent du reste des Coquilles, p. 92. en particulier des Globosites. p. 97. plusieurs Auteurs les rangent parmi ces dernières. *ibid.* elles sont très rares; quoique l'on en trouve quelquefois à Chaumont. *ibid.*

BUTTNER fût de son tems un Defenseur zélé & heureux du Sentiment que ces Fossiles étrangers à la Terre étoient de véritables Pétrifications. P. II, S. II. p. 124.

C.

Cachalot, Orca, quelles sont les parties de ce genre de Poisson que l'on a déterrées parmi les fossiles. P. II. S. II. p. 164.

Caditae, ce que c'est. P. II. S. II. p. 65.

CAESALPINUS reconnût la vérité par rapport aux fossiles étrangers à la terre. P. I. p. 84.

Cailloux, pourquoi l'on n'y trouve point de corps pétrifiés. P. II, S. I. p. 9. formation des Cailloux transparens. P. II, des demi-transparents. *ibid.* des opaques. *ibid.* l'on en trouve qui sont arborisés. p. 103. le Bois ne sauroit être changé en caillou. P. III. p. 37.

Cailloux grossiers, v. *Roches.*

Cailloux transparens, leur formation. P. I. p. 12.

Calamite, Lapis calaminaris, est souvent arborisée. P. I. p. 104.

Calamitae de PLINE. P. III. p. 96.

Calamitae, l'on désigne de ce nom des roseaux, des joncs, des chalumeaux. P. III. p. 44.

Calamites. v. *Roseaux, Joncs, Chalumeaux.*

Calamites de Mr. GUETTARD, espèce de Madréporite. *Suppl.* p. 155.

Calamus aromaticus petrificatus, ce que l'on a donné pour tel n'est certainement qu'une espèce de Coralloïde. P. III. p. 73.

— on pretend en avoir trouvé l'écorce pétrifiée. P. III. p. 74.

Calcaire, la Pierre, est la matrice la plus ordinaire des Pétrifications. P. I. p. 17. 31. son origine. *ibid.* pourquoi il est rare de trouver des corps marins dans des pierres calcaires à gros grains. p. 31. Des Plantes & des feuilles renfermées dans des pierres calcaires, P. III. p. 55. réalité de ce phénomène affirmée par certains Naturalistes, contestée par d'autres, au nombre desquels se range l'Auteur. *ibid.* dont il est rendu raison. *ibid.* cette pierre est souvent aussi arborisée. P. I. p. 103.

Buccardites, AGRICOLA donne ce nom aux Hystérolithes. P. II. S. I. p. 79.

Buccardites costatus, dénomination dont LUYD desigue l'Hystérolithe, *ibid.* v. *Hystérolithe*.

Bouleau, *Bois de*, P. III. p. 15. l'on en a trouvé de pétrifié aux environs de Chemniz & de Fulda, P. III. p. 2. 3.

Boulerot, espèce de Poisson qui a été trouvé pétrifiée. P. II. S. II. p. 167. v. aussi *Gobio*.

BOURGUET, *Mr.* les titres de ses Ouvrages promettent plus que l'on n'y trouve. P. I. p. 38. P. II. S. I. p. 152. donnoit les Hélicites pour des Opercules de Cornes d'Ammon. P. II. S. I. p. 54. 55.

Brachyuri, nom dont on désigne les Ecrevisses à courte queuë, dont on compte cinq genres, parmi les fossiles. P. I. p. 113. *suiv.* p. 116. tels sont, *Brachyuri thorace laevi &c.* p. 116. *thorace supra birto: thorace spinoso: & thorace inaequali.* p. 117. v. *Ecrevisses*.

Branchioli congener columellus striatus est peût-être une espèce de Kératophyte, P. II. S. II. p. 31.

Brattenbourg, Monnoie de, v. *Monnoie*.

Brecciati, nom dont on désigne certaines sortes de Marbres. P. I. p. 40.

Brechites, nom que Mr. GUETTARD employe pour désigner une certaine sorte de Pétrification, de la Classe des Coralloïdes, qu'il a eû soin de décrire avec beaucoup d'exactitude. *Suppl.* p. 153.

BRETN, *Mr.* s'est fait un grand merite par son Ouvrage sur les Orthocératites. P. II. S. I. p. 49.

Brissi, espèce d'Echinite. P. II. S. I. p. 138. v. *Echinites*.

Brissoidae, Espèce d'Echinite. P. II. S. I. p. 138.

Brochet, l'on en a trouvé de pétrifiés, dont un voit un morceau qui se distingue en particulier dans le Cabinet de feu Mr. HEYDENREICH, qui fait aujourdhui partie de celui du Duc de Saxe-Weimar. P. II. S. II. p. 167.

—— *Dents de Brochet fossiles*. P. II. S. II. p. 187.

Brontiae, l'on a désigné de ce nom les Bufonites. P. II. S. II. p. 221. de même qu'une certaine espèce d'Echinite, dont on rend raison. P. II. S. I. p. 133. 147. telle est l'Echinite qui se voit. P. II. Pl. E. I. a. fig. 3. v. *Bufonites*.

Brontias favogineus. v. *Echinite cellulaire*.

BROSSE (*Guy. de la*) fût le premier qui trouva que les Turquoises devoient être rangées au nombre des Pétrifications. P. II. S. II. p. 194.

Bruyère, *Kératophyte en forme de*, P. II. S. II. p. 32.

Bryoniae radix lapidea PLOTII pourroit bien être une sorte de Kératophyte. P. II. S. II. p. 31.

Bubonium montanum pétrifié. P. III. p. 50.

Buccina, ce que c'étoit chez les Anciens? P. II. S. I. p. 93. les Buccinites en ont tiré leur dénomination. *ibid.* l'on ne sait pas encore positivement quelle espèce de Coquilles les Anciens ont désigné par le nom de *Buccina*. p. 95.

Buccinites, *Buccinite*, ce que c'est P. II. S. I. p. 93. Origine de ce nom. *ibid.* v. *Buccina*. Ce mot étoit anciennement d'une signification plus étendue qu'aujourdhui. *ibid.* quelles sont les Coquilles que l'on désigne aujourdhui de ce nom. *ibid.* caractères qui les distinguent, p. 92. 93. l'on en voit qui approchent beaucoup d'une sorte de Cochlites trochiformes, p. 86. comment les Buccinites se distinguent des Cassulites, p. 96. 100. & des Strombites, p. 105. COLUMNA fût le premier qui fit connoître aux Naturalistes la différence des Buccinites d'avec les Strombites. p. 95. LISTER donna beaucoup de Coquilles pour des Buccinites qui n'en etoient point. *ibid.* Les Buccinites se rangent sous deux genres: les Buccinites proprement dites, & les Conotrochites. p. 93. v. *Conotrochites*. Coquilles qui se rapportent aux Buccinites. *ibid.* Ce genre est fort nombreux, & les espèces qui s'y rapportent, diffèrent en plusieurs manières les unes des autres. p. 93. 94. la grandeur de ces Buccinites varie; l'on en voit qui ont jusqu'à deux empans de longueur, tandis que d'autres ont à peine celle d'un grain de cumin. p. 94. leurs différences par rapport aux changemens qu'elles ont subis pendant leur séjour dans le Regne des Fossiles. *ibid.* l'on en trouve plus de calcinées que de pétrifiées, *ibid.* où l'on en trouve le plus. p. 95. Des Buccinites d'Angleterre converties en marcassite. *ibid.* si ARISTOTE a connu les Buccinites. p. 95. Observations touchant une Buccinite contournée en spirale, avec les Remarque de Mr. le D. MARTINI sur son analogue marin. *Suppl.* p. 149. les Buccinites se trouvent, en Bavière, P. II. S. I. p. 111. aux environs de Bâle, en Angleterre, en Piémont. p. 109. à Chaumont, à

Capito, Poisson, v. *Münier.*

CAPPELLER *Mr.* son idée touchant les ramifications des Astéries en colonne examinée. P. II. S. II. p. 83.

Caractère, plusieurs Pais ont leur caractère propre & particulier qui distingue leurs Pétrifications de celles de tout autre. P. I. p. 25. P. II. S. I. p. 89. d'où cela vient. *ibid.*

Carapatinae, sont des Dents fossiles de Poissons, d'où leur vient cette dénomination. P. II. S. II. p. 185. 190.

Carcharias, Lamie, Poisson, dont on trouve les dents pétrifiés. P. II. S. II. p. 164. 195.

Carchariodontes, nom dont on désigne les Dents du Poisson de l'Article précédent. P. II. S. II. p. 188.

Cardamomus, pétrification probablement supposés. P. III. p. 88.

Caricoides de Mr. GUETTARD. *Suppl.* p. 153. distribution des corps que ce Naturaliste range sous ce genre de Polypiers. *ibid.*

Carpes pétrifiés. P. II. S. II. p. 167.

—— *Langues de,* nom dont on a désigné quelquefois les Dents fossiles d'une certaine sorte de Poisson. P. II. S. II. p. 189.

Carpolithes, Carpolithi, Fruits pétrifiés. P. III. p. 44. v. *Fruits pétrifiés.*

Cartes géographiques, Marbres qui les imitent. P. I. p. 115. dessinés. P. I. Pl. II. Pl. VII.

Caryophylii lapidei, Caryophyllites. P. II. S. II. p. 103.

Caryophyllites, ce que c'est. P. II. S. II. p. 86. 103. 104. Origine de ce nom. p. 103. conjectures des Auteurs touchant ce fossile. p. 104. LEHMANN les met au nombres des pierres judaïques, BERTRAND parmi les Corallines, la plûpart les rapporte au genre des Encrinites. *ibid.* Auteurs qui en ont parlé, & fourni des copies. *ibid.* l'on en voit aussi une P. I. Pl. XXXVI. fig. 20.

Caryophylloides de Mr. GUETTARD, espèce de Coralloide. *Suppl.* p. 154.

Cassides espèces d'Oursin. P. II. S. I. p. 138.

Cassidites, leur forme, & en quoi elles diffèrent des Buccinites. P. II. S. I. p. 96. 100. comment les différentes sortes de Cassidites se distinguent tant les unes des autres. p. 96. que du reste des Coquilles. p. 92. l'on en voit des copies. P. II. Pl. C. fig. 6. Pl. C. I. fig. 4. 7.

Castagnettes. v. *Cliquet &c.*

Catocysti, nom employé dans la Classification des Echinites, quelle est la Classe qu'il désigne. P. II. S. I. p. 134.

Caudae Cancri s. *Astaci fluviatilis.* v. *Orthocératites.*

Caussa efficiens universalis, particularis, caussa instrumentalis &c. ce que l'on entendoit anciennement par ces mots rélativement aux Petrifications. P. I. p. 90.

Cenchrites, Grains de Millet, ce que l'on donne pour tels, ne sont ordinairement que de fausses-pétrifications. P. III. p. 81.

Cepina carbonaria, espèce de Céréite. P. III. p. 79. v. *Céréite.*

Ceratitae incurvati } P. II. S. II. p. 14. copies.
Ceratitae recti. } P. II. Pl. F. X. fig. 5.

Cératites, certains Auteurs ont désigné de ce nom les Ammonites. P. II. S. I. p. 32.

Cératites, comment elles se distinguent des Orthocératites. P. II. S. I. p. 46.

Cératites, plusieurs Auteurs appellent de ce nom la Dent du Narvhal, poisson cétacé. P. II. S. II. p. 164.

Ceratoites, SCHEUCHZER désignoit de ce nom les Orthocératites. P. II. S. I. p. 49.

Ceratoites articulatus. P. II. S. I. p. 49. v. *Orthocératites à cloisons sinueuses.*

Ceratolithi. v. *Cornes.*

Ceratophyllon LINN. a été trouvé dans les Schistes d'Eisleben & de Manebach. P. III. p. 101.

Ceratophyta reticulata. }
Ceratophyta retiformia. } P. II. S. II. p. 30.

Cératophytes v. *Kératophytes.*

Ceraunii lapides, pourquoi les Echinites ont été désignées de ce nom. P. II. S. I. p. 133.

Céraunitae, l'on a compris sous cette dénomination les Bélemnites. P. II. S. II. p. 211.

Cérébritae. P. II. S. II. p. 25.

Cérei. v. *Céréites.*

Céréites, sens dans lequel l'Auteur s'est servi de ce mot. P. III. p. 77. & suiv. l'on y rapporte, les Organa carbonaria, l'Hexagonon carbonarium, l'Ungella carbonaria minor & major, l'Undulatum carbonarium, le Lepidotes carbonarius, l'Ovarium carbonarium, l'Ocellatum carbonarium. p. 78. la Lepina carbonaria. p. 79. on les trouve, en Angleterre, dans les Sevennes. P. III. p. 78. 103. en Silésie. p. 78. à Liebersdorf près de Gablau, à Rudolfsdorf. p. 78. 79.

Cerf, Ostéolithes de cet Animal. P. II. S. II. p. 149.

Cerf, Cornes, Bois de, pétrifiés, ORPHE'E paroit en avoir connû. P. II. S. II. p. 178.

Cer-

Capito, Poisson, v. *Münier.*

CAPPELLER Mr. son idée touchant les ramifications des Astéries en colonne examinée, P. II. S. II. p. 83.

Caractère, plusieurs Païs ont leur caractère propre & particulier qui distingue leurs Pétrifications de celles de tout autre. P. I. p. 25. P. II, S. I. p. 89. d'où cela vient. *ibid.*

Carapatinae, sont des Dents fossiles de Poissons, d'où leur vient cette dénomination. P. II. S. II. p. 185. 190.

Carcharias, *Lamie*, Poisson, dont on trouve les dents pétrifiées. P. II. S. II. p. 164. 195.

Carchariodontes, nom dont on désigne les Dents du Poisson de l'Article précédent. P. II. S. II. p. 188.

Cardamomus, pétrification probablement supposée. P. III. p. 88.

Caricoïdes de Mr. GUETTARD. *Suppl.* p. 153. distribution des corps que ce Naturaliste range sous ce genre de Polypiers. *ibid.*

Carpes pétrifiées. P. II. S. II. p. 167.

—— — *Langues de*, nom dont on a désigné quelquefois les Dents fossiles d'une certaine sorte de Poisson. P. II. S. II. p. 189.

Carpolithes, *Carpolithi*, Fruits pétrifiés. P. III. p. 44. v. *Fruits pétrifiés.*

Cartes géographiques, Marbres qui les imitent. P. I. p. 115. dessinés, P. I. Pl. II. Pl. VII.

Caryophylli lapides, *Caryophyllites.* P. II. S. II. p. 103.

Caryophyllites, ce que c'est. P. II. S. II. p. 86. 103. 104. Origine de ce nom. p. 103. conjectures des Auteurs touchant ce fossile. p. 104. LEHMANN les met au nombres des pierres judaïques, BERTRAND parmi les Corallines, la plûpart les rapporte au genre des Encrinites. *ibid.* Auteurs qui en ont parlé, & fourni des copies. *ibid.* l'on en voit aussi une P. I. Pl. XXXVI. fig. 10.

Caryophylloïdes de Mr. GUETTARD, espèce de Coralloïde. *Suppl.* p. 154.

Cassides espèces d'Oursin, P. II. S. I. p. 138.

Cassidites, leur forme, & en quoi elles diffèrent des Buccinites. P. II. S. I. p. 96. 100. comment les différentes sortes de Cassidites se distinguent tant les unes des autres. p. 96. que du reste des Coquilles. p. 92. l'on en voit des copies. P. II. Pl. C. fig. 6. Pl. C. I. fig. 4. 7.

Castagnettes. v. *Cliquet* &c.

Catocysti, nom emploié dans la Classification des Echinites, quelle est la Classe qu'il désigne. P. II. S. I. p. 134.

Caudae Cancri s. *Astaci fluviatilis.* v. *Orthocératites.*

Caussa efficiens universalis, particularis, caussa instrumentalis &c. ce que l'on entendoit anciennement par ces mots rélativement aux Petrifications. P. I. p. 90.

Cenchrites, *Grains de Millet*, ce que l'on donne pour tels, ne sont ordinairement que de fausses-pétrifications. P. III. p. 81.

Cepina carbonaria, espèce de Céréite. P. III. p. 79. v. *Céréite.*

Ceratitae incurvati }P. II. S. II. p. 24. copies,
Ceratitae recti.   { P. II. Pl. F. X. fig. 5.

Cératites, certains Auteurs ont désigné de ce nom les Ammonites. P. II. S. I. p. 31.

Cératites, comment elles se distinguent des Orthocératites. P. II. S. I. p. 46.

Cératites, plusieurs Auteurs appellent de ce nom la Dent du Narvhal, poisson cétacé. P. II. S. II. p. 164.

Ceratoites, SCHEUCHZER désignoit de ce nom les Orthocératites. P. II. S. I. p. 49.

Ceratoites articulatus. P. II. S. I. p. 49. v. *Orthocératites à cloisons sinueuses.*

Ceratolithi. v. *Cornes,*

Ceratophyllon LINN. a été trouvé dans les Schistes d'Eisleben & de Manebach. P. III. p. 101.

Ceratophyta reticulata.}
Ceratophyta retiformia. }P. II. S. II. p. 30.

Cératophytes v. *Kératophytes.*

Ceraunii lapides, pourquoi les Echinites ont été désignées de ce nom. P. II. S. I. p. 133.

Céraunitae, l'on a compris sous cette dénomination les Bélemnites. P. II. S. II. p. 111.

Cérébritae. P. II. S. II. p. 25.

Cérei. v. *Céréites*   .

Céréites, sens dans lequel l'Auteur s'est servi de ce mot. P. III. p. 77. *& suiv.* l'on y rapporte, les Organa carbonaria, l'Hexagonon carbonarium, l'Ungella carbonaria minor & major, l'Undulatum carbonarium, le Lepidotes carbonarius, l'Ovarium carbonarium, l'Ocellatum carbonarium, p. 78. la Lepina carbonaria, p. 79. on les trouve, en Angleterre, dans les Sevennes, P. III. p. 78. 103. en Silésie. p. 78. à Liebersdorf près de Gablau, à Rudolfsdorf. p. 78. 79.

Cerf, Ostéolithes de cet Animal. P. II. S. II. p. 149.

Cerf, *Cornes, Bois de*, pétrifiés, ORPHEE paroit en avoir connû. P. II. S. II. p. 178.

Cer-

Cerfeuil, Myrrhis, fossile. P. III. p. 50.

Cerise, les noyaux de cérises que l'on prétend avoir trouvé pétrifiés, sont probablement supposés. P. III. p. 34.

Chaleur, elle est nécessaire pour opérer l'évaporation, qui doit précéder l'imprégnation, par laquelle les fossiles étrangers à la terre sont convertis en pierre. P, I. p. 2. & cette imprégnation même ne s'opère point sans le secours de la chaleur. *ibid.*

Chalumeaux, l'on en trouve dans les Tufs & les Stalactites. P. III. p. 54. dans les Agates & les Jaspes, p. 55. dans les Cristaux & les Quartz. p. 56. à Langensalze, p. 64. à Ilmenau, p. 65. dans les Sevennes, p. 67.

Champignons terrestres, pétrifiés, rapportés par plusieurs Naturalistes. P. III. p. 91. quoiqu'ils soient susceptibles d'un tel changement, du moins en partie, ce que l'on nous donne pour des pétrifications de ce genre, ne sont la plûpart que des Alcyons, ou même des pétrifications supposées. *ibid.* espèce particulière, rapportée *Suppl.* p. 133. l'on en trouve à Massel, au Schneekopf près de Suhl. *Suppl.* p. 133. 134. figure d'un tel champignon. *Suppl.* Pl. III. b. fig. 5.

Charbons pétrifiés. P. III. p. 30. il faut se garder de les confondre avec les Charbons fossiles & les bois fossiles bitumineux, *ibid.* il n'arrive pas facilement que les charbons soient convertis en pierre. *ibid.* souvent l'on trouve des charbons qui n'ont souffert aucune altération, renfermés dans des pierres, & ceux qui ont été convertis en pierre, se font appercevoir sous des formes différentes. *ibid.*

Châtaigne, la, pétrifiée de MERCATUS n'est qu'un jeu de la Nature, & celle de BUTTNER, que plusieurs Naturalistes ont donnée d'après lui pour une véritable chataigne convertie en pierre, est une Dent molaire de poisson. P. III. p. 88. conf. P. II. S. II. p. 196.

Châtons du Peuplier, l'on prétend en avoir trouvé de pétrifiés, de quoi cependant l'on doute fort. P. III. p. 71.

Chélidoines, Dents fossiles d'une forte de Poisson. P. II. S. II. p. 191.

Chelonitae, espèce de Dents de Poisson fossile. P. II. S. II. p. 185.

Chelonites, quelle est l'espèce de Dents de Poisson fossile qui porte ce nom. P. II. S. II. p. 191. l'on en désigne aussi quelquefois les Echinites, & quelle en est la raison. P. II. S. I. p. 133.

Chemniz, Bois fossiles que l'on déterre dans cet endroit, P. III. p. 2.

— — *la Pierre étoilée de Chemniz* est rapportée par Mr. SCHULZE au genre des Encrinites & des Pentacrinites. P. II. S. II. p. 106. description de cette pierre. *ibid.*

— — *la Pierre de Chemniz,* connuë sous le nom de *Staarenstein,* est de la dureté du Jaspe ou de l'Agate. P. III. p. 11. l'on en trouve de deux espèces. *ibid.* leur description. *ibid.* les unes sont appellées *Augensteine, pierres oeillées,* les autres *Wurmsteine, pierres vermiculaires. ibid.* cependant ce ne sont point des vermisseaux. P. I. p. 149. une autre sorte encore porte le nom de *Sternsteine, Pierres étoilées,* P. III. p. 11. celles que l'on désigne en particulier du nom de *Staarenstein,* sont sans contredit des Bois auxquels probablement des Polypes ont ajouté de leur ouvrage. *ibid.* principalement certaines espèces de *Tubulaires* p. 40. quelques Naturalistes les rapportent parmi les bois pétrifiés après avoir souffert un degré de putréfaction. p. 29. mais celles que l'on appelle du nom de *Sternstein* ou *pierres étoilées* ne paroissent guères être des Bois, p. 13. Auteurs qui en ont parlé, p. 11, 13. not. 3. les *Staarensteine* varient beaucoup tant dans leurs couleurs. *Suppl.* p. 196. que dans les cercles qui se découvrent dans les coupes transversales, p. 197. ces cercles doivent probablement leur naissance à des vers testacés. *ibid.* des morceaux de même nature ont été decouverts à Belgrad dans un pilier pétrifié. *ibid.* la matrice en est indubitablement du bois. *ibid.* outre ces endroits l'on en trouve aussi à Hilbersdorf, p. 11. 43. des copies se voient, P. III. Pl. 7. fig. 2. *Suppl.* Pl. x. fig. 5. 6.

Chêne, Arbre, l'on en a trouvé de pétrifiés aux environs de Chemniz & de Landshut. P. III. p. 2. 4.

— — *Bois de, pétrifié,* est appellé Dryites, P. III. p. 2. il est fort commun. p. 14. 37. souvent il prend une couleur noire qui lui donne l'air d'un Ebène fossile, qui trompe quelquefois les Curieux. p. 14. il est en particulier fort fréquent à Cobourg. p. 34.

Chenilles, les, que l'on prétend avoir vües dans des Ammonites polies, sont fort sujettes à caution. P. I. p. 150.

Cheval, Ostéolithes de cet Animal. P. II. S. II. p. 150.

Chevilles pétrifiées. P. III. p. 28. 43.

Chèvre, Ostéolithes de cet Animal. P. II. S. II. p. 150.

Chien de Mer. v. Squalus.

Chiton. v. Oscabrion.

Choana saxea crispata de GUALTIERI doit être, suivant quelques Naturalistes, l'analogue marin des Corallites en forme de chaine, de quoi cependant l'on doute encore. Suppl. p. 159.

Choeriscopodia de LUID, espèce de vertébres. P. II. S. II. p. 165.

Chorolites, espèce de Dendrite. P. I. p. 101, 106.

Chrysanthemi flos, pétrifié. P. III. p. 59.

Chrysite de PLINE, ce que c'est? P. II. S. I. p. 117.

Chymie, si le Système des Pierres & des Pétrifications peut être fondé sur les caractères qu'elle fournit. P. I. p. 96.

CLANTAR, (Mr. le Comte J. Aut.) fût sans doute le dernier qui regarda les corps pétrifiés comme des Lapides sui generis ou des jeux de la Nature. P. II. S. II. p. 100.

Cidaris, genre d'Oursin. P. II. S. I. p. 136.

Cidaris asterizans, espèce rare d'Oursin fossile des environs de Stargard décrite avec beaucoup d'exactitude. Suppl. p. 198. & dessinée. Suppl. Pl. x, a. fig. 3. 4.

Cidaris corollaris. P. II. S. I. p. 136.

Cidaris mammillaris. P. II. S. I. p. 133. sa copie. P. II. Pl. E. fig. 2, 3. 4.

Cidaris Mauri, Turban maure. P. II. S. I. p. 136.

Cissites de PLINE. P. III. p. 96.

Claviculae lapideae, espèce de Pierre judaïque ou Piquant d'Oursin, P. II. S. S. I. p. 144.

Clavicule d'homme pétrifiée. P. II. S. II. p. 141.

Clethrites, Bois d'Aulne pétrifié. P. III. p. 2, 14.

Cliquet de Lazare, Coquille du genre des Ostracites, la description. P. II. S. I. p. 71. on la trouve en Amérique & en Suisse, cependant elle est extrêmement rare. p. 71- 132. l'on en voit des copies, P. II. Pl. II. II. b.** fig. 1. Pl. D. XI. D. XII.

Clochette, espèce de Balanite, pétrifiée. P. II. S. II. p. 165.

Cloisons des Orthocératites. v. Orthocératites.

Clous, de fer. l'on en a trouvé dans des morceaux de Bois pétrifiés. P. III. p. 29.

Cobourg, Arbres pétrifiés de Cobourg. P. III. p. 3.

Cochleae lapideae valvatae, nom dont on désigne les Néritites. P. II. S. I. p. 84.

Cochleae lunares, v. Cochlites trochiformes.

Cochleae semilunares lapideae, Néritites. P. II. S. I. p. 84.

Cochleae umbilicatae. v. Vmbilicites.

Cochleae hortenses, v. Escargots, Limaçons des jardins.

Cochlitae lapidei ore depresso. v. Trochilites.

Cochlitae non turbinati Patellarum, phrase par laquelle on désigne les Patellites. P. II. S. II. p. 163.

Cochlitae orbiculati, Vmbilicites. P. II. S. I. p. 82.

Cochlitae plurium turbinum specie, phrase par laquelle on désigne les Vis. P. II. S. I. p. 104.

Cochlitae plurium turbinum specie buccinorum, Buccinites. P. II. S. I. p. 93. v. Buccinites.

Cochlitae plurium turbinum specie trochorum. v. Trochilites.

Cochlitae trochiformes. v. Cochlites trochiformes.

Cochlitae turbinati, l'on a désigné de ce nom tant les Buccinites, P. II. S. I. p. 93, que les Vis. p. 104.

Cochlitae turbinati pauciorum turbinum specie, phrase par laquelle on désigne les Néritites, P. II. S. I. p. 84.

Cochlitae umbilicati, Vmbilicites. P. II. S. I. p. 82. Mr. LUID fût le premier qui introduisit cette dénomination. p. 83. v. Vmbilicites.

Cochlites, leur description P. II. S. I. p. 82. le mot de Cochlite est emploïé en différens sens. p. 83. 84. v. Coquilles, Limaçons.

Cochlites trochiformes, quelles sont les Coquilles que l'on désigne de ce nom. P. II. S. I. p. 15. 16, 86, d'où il leur vient. p. 86. 87. elles diffèrent des Limaçons. ibid. leurs différentes espèces. ibid. il y en a que l'on confond facilement avec une certaine sorte de Buccinite. ibid. leurs analogues marins, forme de celles qui ont passé dans le Regne des fossiles, leur matrice ordinaire. ibid. l'on doit se garder de les confondre avec les Cochlites & les Turbinites. p. 83. l'on en trouve aux environs de Goslar, de Schafhouse en Suisse, dans le Veronois, a Wettersleben près de Quedlimbourg, aux environs de Querfourt. p. 87. de Turin. 91 de Nuremberg. Suppl. 151. des Copies se voient. P. II. Pl. B. III. fig. 3. 5. Pl. B. VI. a. fig. 21. 22. 23. Pl. B. VI. b. fig. 30. Suppl. Pl. V. c. fig. 4.

Cochons, Ostéolithes de cet Animal. P. II. S. II. p. 150.

Coeurs, ce que c'est. P. II. S. I. p. 13. leur forme. P. 62. ce sont proprement des Camites bombées. ibid. parmi lesquelles
aussi

aussi ils doivent être rangés. p. 58. Ils diffèrent des Boucardites. p. 61. si l'on en connoit l'analogue marin? p. 69. l'on en trouve à Augst dans le Canton de Bâle. p. 63. dans le Bolognois. p. 69. dans l'Autriche. *ibid.* dans les Montagnes de Transylvanie. p. 64. aux environs d'Alger. p. 65. dans l'Amérique méridionale. p. 81. des copies se voient, Pl. II. B. I. a. fig. 1.1.4. Pl. B. I. b. fig. 1.2.3. Pl. B. II. a. fig. 1.2.3.5. des véritables Coeurs voy. l'article suivant.

Coeurs de la forme de celui de l'homme, Coquille, qui se distingue de la Conque de Venus, P. II. S. I. p. 64. description de cette Coquille singulière, surtout par rapport à son ouverture. *ibid.* elle a été trouvée à Brouck sur la Leutha en Autriche. *ibid.*

Coeur de Venus, ce que c'est? P. II. S. I. p. 13. voy. l'Article précédent.

Coint, pétrifiés. P. III. p. 18.

Coléoptères, l'on prétend en avoir trouvé de pétrifiés, P. I. p. 145, 146. les fossiles que l'on donne pour tels scrupuleusement examinés. *ibid.*

Coles CLUSII, fossile probablement supposé. P. III. p. 88.

Colites sine testibus, quelle est la Pétrification que l'on désigne de ce nom. P. II. S. II. p. 105.

Columelli, P. II. S. II. p. 25.

Columelli fasciati. ibid.

Columelli rubiginosi e ferrifodinis Bristoli ensibus de LUID, sont probablement des Vis. P. II. S. II. p. 119.

COLUMNA s'est fait un mérite extraordinaire par la lumière qu'il a répandue sur l'Histoire naturelle des Coraux. P. II. S. II. p. 41. son Traité sur les Glossopètres. *ibid.*

Columnae judaicae, nom par lequel IMPERATUS désigne les Entroques. P. II. S. II. p. 71.

Cométite, ce que c'est. P. II. S. II. p. 29. ce n'est proprement point d'espèce particulière d'Astroïte. *ibid.*

Concha anomia ventricosa striata echinata, espèce particulière d'Anomite, découverte à Muttenz, P. II. S. I. p. 115.

Concha margaritifera, découverte à Aristorf. P. II. S. I. p. 129.

Concha triloba rugosa, Trilobite, P. III. p. 105. v. *Trilobite.*

Concha rugosa, Trilobite. P. III. p. 105.

Conchae anomiae terebratulaeformes. P. II. S. I. p. 76. l'on en trouve à Muttenz dans le Canton de Bâle. *ibid.*

Conchae parasiticae, ce que c'est. P. II. S. I. p. 115.

Conchae striatae, nom dont les Anciens désignoient les Manteaux ou Coquilles de St. Jacques. P. II. S. I. p. 57.

Conchae trilobae, leur description, en tant que l'on désigne de ce nom de véritables Coquilles. P. III. p. 114.

Conchitae anomii rostro subtereti adunco, phrase par laquelle on désigne les Gryphites. P. II. S. I. p. 66. v. *Gryphites.*

Conchitae curvirostri lunati, nom que l'on donne aux Gryphites. P. II. S. I. p. 66.

Conchites, Conques, ce que l'on entend par ces mots. P. II. S. I. p. 13. de ce qui fournit les caractères qui les distingue. p. 3. 4. on les divise en Univalves & Bivalves. p. 13. Genres que l'on y rapporte. p. 16. 17. pourquoi il est rare de les trouver avec leurs deux battans. p. 6. plus ces Coquilles se trouvent enfoncées sous terre, plus le tems où elles ont été ensevelies, est reculé. P. I. p. 29. REVILLAS prétend en avoir vû & même possédé, qui étoient chargées de particules d'or. p. 41. l'on veut de même en avoir trouvé de minéralisées avec le Cinnabre p. 45. comment il arrive, que les Conques striées sont souvent couchées les unes sur les autres de manière que leurs stries se croisent de façon qu'elles forment comme des treillis? p. 64. v. *Coquilles.*

Conchites helveticus visu prodigiosus de LANG, espèce de Conque de Venus. P. II. S. I. p. 63.

Conchites trilobus, Trilobite. P. III. p. 105. v. *Trilobite.*

Conchyliologie appliquée au Regne des Fossiles, P. II. S. I. p. 3 & suiv. double objet de cette Partie d'Histoire naturelle. p. 3. elle suppose une connoissance des Coquilles naturelles. *ibid.* les principaux Auteurs qui en ont écrit. P. II. S. I. p. 31.

Concombres pétrifiés, ce que l'on donne pour tels ne l'est sûrement point. P. III. p. 83.

— *Piquants d'Oursin en forme de concombre.* P. II. S. I. p. 144.

CONDAMINE. *Mr. de la*, crût qu'il n'y eût point de Pétrifications au Pérou, critique de cette Opinion. P. I. p. 39.

Congélation, Pierres formées par congélation qui renferment des Pétrifications. P. I. p. 18. quoiqu'il soit rare d'en rencontrer, parceque ces sortes de pierres ne se trouvent guères par couches, mais seulement par mines égarées. *ibid.*

Coni abietis petrificati. v. *Pomme de Sapin.*

Coni Alni petrificati. v. *Pomme d'Aûne.*

Coni Laricis petrificati. v *Pomme de Mêleze.*

Coni pinei pinastri petrificati. v. *Pomme de Pin.*

Conici teretes, espèce de Dents de poissons fossiles. P. II. S. II. p. 186.

Conichthyodontes, espèce de Dents de poisson. P. II. S. II. p. 185. 189.

Conichthyodontes incurvati teretes. P. II. S. II. p. 190.

Conichthyodontes recti teretes. P. II. S. II. p. 189.

Conichthyodontes striati. P. II. S. II. p. 189.

Conichthyodontes striati incurvati. P. II. S. II. p. 190.

Conotrochites, Coquilles qui doivent être rangées sous le genre des Buccinites. P. II. S. I. p. 94. leur forme & comment elles diffèrent des Buccinites proprement dites, *ibid.* elles diffèrent aussi en plusieurs manières entr'elles les unes des autres. *ibid.* des copies se voient, P. II. Pl. C. I. fig. 1. Pl. C. II. fig. 7.

Conques de Venus, ce que c'est? P. II. S. I. p. 14. elles appartiennent proprement à la famille des Camites, p. 58. il en est parlé, & l'on examine pourquoi elles sont aujourdhui beaucoup moins fréquentes à Gundershofen qu'elles n'étoient autrefois, *Suppl.* p. 148. l'on recherche l'analogue de ces dernières, à l'occasion de quoi l'on rapporte une observation de Mr. le Dr. MARTINI rélative à ce sujet. *ibid.* l'on doit les ranger parmi les *Donaces* de Mr. de LINNÉ. *ibid.* description de la véritable Conque de Venus. *ibid.* l'on en établit deux espèces, en joignant encore une remarque de Mr. MARTINI touchant leurs analogues. p. 149. une sorte de Conque de Venus très rare décrite. P. II. S. I. p. 63. On les trouve à Gundershofen. *Suppl.* p. 148. à Vllmstt dans le Canton de Bâle. P. II. S. I. p. 63. *Suppl.* p. 149. dans les marnières de Temningen village du Canton de Bâle. *ibid.* P. II. S. I. p. 63. à Aristorf. *ibid.* en Bourgogne, aux environs d'Aix-la-Chapelle, & de Quedlimbourg. *Suppl.* p. 149. des copies se voient, P. II. Pl. B. I. a. fig. 3. 5. 7. 9. *Suppl.* Pl. V. a. fig. 4. 5. 6. Pl. V. c. fig. 1. 3. 4. Pl. V. e. fig. 4.

Conque de Venus orientale ou *Levantine.* *Suppl.* p. 152.

Coquilles, ce que l'on entend par ce mot. P. II. S. I. p. 13. & *suiv.* elles se divisent en deux Classes. p. 3. caractères auxquels l'on doit s'attacher dans leur classification, *ibid.* détail des différens Genres de ces Coquilles. p. 16. 17. pourquoi l'on en trouve souvent qui sont frustes à leur embouchure. p. 7. d'où vient la grande rareté de certaines Coquilles? p. 98. comment les noyaux des Coquilles sont sujets à des compressions violentes? p. 103. si le spath qui occupe quelquefois une partie de leur cavité, est l'animal converti en pierre? p. 91. 110. lorsque l'on en trouve un grand nombre ensemble dans une même matrice, ce ne seront jamais de Coquilles terrestres, p. 111.

Coquilles terrestres, v. *Limaçons.*

Coracias, Coraciae, noms que l'on a donnés aux Bélemnites de couleur noire. P. II. S. II. p. 112.

Coracini, ce nom se donna également aux Bélemnites noires. v. *l'Article précédent.*

Corail, Fleurs de, de forme hexagone, où l'on doit les rapporter? leur description. P. II. S. II. p. 104.

Corail fossile articulé. v. *Corallites.*

Corallia, ce que les Anciens désignoient de ce nom, P. II. S. II. p. 40.

Corallia stellata, étoient nommées les Astroïtes, P. II. S. II. p. 27.

Corallia tubularia, les Tubiporites, P. II. S. II. p. 15.

Corallia tubis subcylindricis laevibus ad bases usque cavis, phrase par laquelle Mr. le Chev. de LINNÉ désigne les Tubiporites, P. II. S. II. p. 15.

Corallina articulata dichotoma &c. Suppl. p. 169. on la trouve à Prattelen. *ibid.*

Corallina fruticosa recta alba. P. II. S. II. p. 41.

Corallina reticulata. P. II. S. II. p. 40.

Corallines. P. II. S. II. p. 39. & *suiv.* si l'on a découvert de véritables Corallines pétrifiées? p. 40. l'on n'en trouvera guères que dans des Schistes. *ibid.*

Corallinites, les Polypiers que Mr. GUETTARD désigne de ce nom, sont probablement des Corallines fossiles. *Suppl.* p. 155.

Coralliolites. v. *Corallites.*

Corallitae lithophyti tubulosi cavitatibus radiatis, phrase par laquelle on désigne les Madréporites. P. II. S. II. p. 10.

Corallitae ramosi asteriscis notati, nom que l'on donne aux Madréporites. *ibid.*

Coral-

Coralloïdes en forme de morille. P. II. S. II. p. 37.

Coralloïdes onduleux. P. II. S. II. p. 15.

Coralloïdes composées en forme d'Orgues. P. II. S. II. p. 15. *Suppl.* p. 168. on les trouve entre autres à Maestricht. *ibid.* une copie se voit, *Suppl.* Pl. VI. fig. 1.

Coralloïdes, Mr. GUETTARD désigne de ce nom les Coraux lisses. *Suppl.* p. 155.

Coraux. v. *Corallites.*

Corda anguina, espèce d'Echinite. P. II. S. I. p. 139.

Corda marina, espèce d'Echinite. *ibid.* dessinée, P. II. Pl. E. I. fig. 5. 6. v. *Echinites.*

CORDUS (*VALERIUS*) fut le premier qui donna une Oryctographie générale d'Allemagne. P. II. S. I. p. 20.

Corne, Pierre de, v. *Pierre.*

Cornes, pétrifiées ou fossiles, P. II. S. II. p. 156. ne sont pas difficiles à discerner d'après leurs originaux. *ibid.* on les trouve tantôt conservées dans leur état naturel, tantôt incrustées de quelque substance tufacée, quelquefois calcinées, quelquefois même converties en pierre. *ibid.* pourquoi souvent elles ne sont point converties en pierre. *Suppl.* p. 180. 181.

Cornes d'Ammon, ce que c'est, P. II. S. I. p. 15. origine de ce nom. p. 31. on leur donnoit aussi ceux de *Cératites.* p. 32. & de *Serpents pétrifiés,* par ce qu'on les prenoit pour de ces animaux convertis en pierre. *ibid.* leur description. *ibid.* les Nautilites, les Lituites, les Hélicites, sont autant d'espèces qui se rapportent au même genre avec les Cornes d'Ammon. *ibid.* leur analogue n'a point encore été découvert autrement que dans des individus d'une petitesse extrème. p. 33. d'où l'on peut conclurre que ce sont de véritables coquilles, qui ont été converties en pierre. *ibid.* elles varient beaucoup par rapport à leur conservation & la nature de la pierre dont elles ont pris la substance. *ibid.* Cornes d'Ammon pyriteuses. P. I. p. 44. comment s'opère leur changement. P. II. S. I. p. 33. 39. d'où il vient qu'on les trouve plus souvent converties en pyrite que d'autres de ces corps fossiles. p. 39. leur matrice. p. 34. endroits où elles sont couchées. *ibid.* d'où il vient qu'on les trouve tantôt isolées tantôt un grand nombre ensemble. *ibid.* leurs espèces différentes. *ibid.* leurs caractères spécifiques. p. 34. 35. l'on en voit qui sont d'une petitesse extrème tandis que d'autres sont d'une grandeur énorme. p. 35. d'où vient-il que les tours

des Cornes d'Ammon ne sont point séparés les uns des autres comme le sont ceux des noyaux des autres sortes de coquilles turbinées. P. I. p. 61. les Cornes d'Ammon ont été connuës déjà dans les tems les plus reculés, P. II. S. I. p. 35. pourquoi les Grecs & les Romains n'en ont point fait mention dans leurs écrits, *ibid.* par quelle raison certains Naturalistes les ont rapportées au nombre des Pierres précieuses. *ibid.* opinions différentes sur leur origine, les uns les donnant pour des Serpents, d'autres pour des Insectes, quelques uns pour des vertèbres, d'autres encore pour des Jeux de la Nature. p. 36. le premier qui les a déclaré pour des Coquilles pétrifiées, qui il fut. *ibid.* recherches qui restent encore à faire sur ce genre de fossile. p. 37. Auteurs qui en ont écrit. p. 37. 38. fort souvent ces Cornes d'ammon ne se découvrent que lorsqu'on vient à les user & à les polir. p. 41. dans certaines espèces le siphon se trouve placé au dos. p. 42. caractères qui les distinguent des Orthocératites. p. 46. & des Lituites, *Suppl.* p. 155. comment l'on s'assure qu'une Corne d'Ammon se trouve dépouillée de son test. P. II. S. I. p. 126. touchant les Cornes d'Ammon de forme ovale les sentimens des Naturalistes sont partagés. *Suppl.* p. 151. Liste des endroits qui fournissent des Cornes d'Ammon: Aristorf. P. II. S. I. p. 45. Frenkendorf, village du Canton de Bâle, Dellsperg ou Délémont & Roche dans l'Evèché de Bâle. *ibid.* la Bourgogne. *Suppl.* p. 157. Cahla, Altdorf. p. 193. les environs de Cobourg. P. II. S. I. p. 45. l'Allemagne, l'Angleterre, la France, la Suisse, l'Italie. p. le Mont Guppen. P. I. p. 29. l'Ettersberg près de Weimar. P. II. S. I. p. 44. la Suisse. p. 37. la Thuringe. p. 38. les environs de Weimar. p. 126. des copies se voient, P. I. Pl. XXXVII. fig. 1. 2. 3. P. II. Pl. I. fig. 1. 2. 3. 4. 5. 6. Pl. I. a. fig. 1. 2. 3. 4. Pl. A. fig. 1—12. 15. 16. 17. 20. Pl. A. II. A. III. A. IV**. fig. 2. 3. A. V. fig. 1—7. D. III. a. fig. 4. 5. *Suppl.* VI. V. c. fig. 7. Pl. VI. fig. 2. 3. Pl. IX. c. fig. 6.

Cornes d'Ammon cristallisées, sont très rares. *Suppl.* p. 193 décrites. *ibid.*

Cornes d'Ammon ferrugineuses, sont rares. *Suppl.* p. 157.

Corne d'Ammon à vertèbres mobiles, sa description, avec l'explication de ce phénomène, P. II. S. I. p 126.

Cornes d'Ammon pyriteuses, l'on en voit de différentes couleurs, P. II. S. I. p. 40. se trouvent aux environs de Cobourg & de Me-

leur couleur naturelle, & avant qu'ils font teints de celle qui doit leur refter dans la fuite? *ibid.* d'où vient la couleur blanche à ceux qui font enfermés dans une matrice d'une couleur obfcure? *ibid.*

Couronne d'Encrinite v. *Encrinite.*

Crabe, v. *Ecreviffe.* &c.

Craie, matrice affés commune des corps pétrifiés. P. I. p. 16. d'où il vient que les Ourfins, & d'autres Coquilles legères y font fi frequentes, *ibid.* fi la Craie doit fon origine à des Coquilles décompofées & détruites. *ibid.* elle n'eft pas propre à conferver les empreintes des Corps étrangers. p. 57. quelquefois elle eft ornée d'arborifations. p. 104.

Crânes pétrifiés. P. II. S. II. p. 193. l'on en trouve dans la Grotte de Baumann, dans celle de Scharzfeld, aux environs de Mayence, à Mève fur le Viftule. *ibid.*

Crânes d'Homme. P. II. S. II. p. 141.

Orangane, efpèce d'Ecreviffe. P. I. p. 124.

Crania petrefacta. v. *Crânes.*

Crapaud, notice du Crapaud pétrifié que Mr. MICHAELIS Infpecteur des Mines devoit avoir poffédé. P. II. S. II. p. 171. foffile fujet à caution. *ibid.*

Crapaudines, Crapaudinae, efpèce de Dents de Poiffon foffiles. P. II. S. II. p. 190. 196.

Creta terreftris teftaceorum P. II. S. II. p. 248.

Crête de Cocq, efpèce d'Huitre ou d'Oftracite, dont les deux fortes fe rangent l'une parmi les Oftréocamites, l'autre parmi les Oftréopinnites. P. II. S. I. p. 110. defcription de la première, qui eft rare, mais la plûpart d'une pétrification complette. p. 110. defcription de l'autre, à laquelle on rapporte celle que l'on connoit fous le nom de *Feuille de Laurier.* p. 113. On les trouve dans la partie fupérieure de la Souabe, en Suiffe, p. 121. à Ariftorf, *ibid.* aux environs de Maftricht. p. 130. des copies fe voient, P. II. Pl. D. L. D. I.* fig. 1. 1. 3. D. II. fig. 5. 6. D. VII. fig. 1. 1. 4—6.

Criftaux, leur formation. P. I. p. 10. P. II. S. I. p. 155. Criftaux qui renferment des corps du Regne végétal. P. III. p. 47. des Plantes, en particulier des Mouffes, des brins de paille. P. III. p. 56. comment ces corps étrangers viennent à y être enfermés. *ibid.* Criftaux arborifés P. I. p. 102. d'où il vient qu'aucun corps ne fauroit être converti en criftal. P. II. S. I. p. 8. 9.

Criftallin, Fluide, ce que c'eft. P. I. p. 10. il peut donner naiffance à des pierres que l'on ne fauroit ranger parmi les Criftaux, telles que font les pierres de corne, les

Spaths, les Sélénites, &c. *ibid.* un tel Fluide réuni à un corps de nature animale ou végétale ne fauroit jamais produire un véritable Criftal. p. 14.

Criftallifé, Bois, comment s'opère ce changement. P. III. p. 18.

Criftallifées, Petrifications, ou de nature criftalline. v. *Pétrifications quarzeufes.*

Crocodile, notice touchant les Squelettes pétrifiés de ce genre d'animal qui fe trouvoient autrefois dans les Cabinets de Mrs. LINK & SPENER. P. II. S. II. p. 170. de celui qui fût découvert en Angleterre par Mr. STUCKELEY, & d'un autre qui fe trouve à Dresde, de même que des Os de Crocodile ifolés. *ibid.* l'on en a déterré à Suhl. *ibid.* à Bilton en Angleterre, à Boll dans le Duché de Wirtemberg. *ibid.*

Ctenites, nom que les Anciens donnoient aux Manteaux ou Coquilles de S. Jacques. P. II. S. I. p. 57.

Cubébés, l'on prétend en avoir trouvé de pétrifiées P. III. p. 93.

Cucurbites de Mr. KLEIN. *Suppl.* p. 188.

Cuspidati, quelle eft la forte de Dents de Poiffon foffiles à laquelle Mr. LUId donne cette épithéte. P. II. S. II. p. 186.

Cuspidati triangulares, autre forte de Dents de poiffon foffiles. P. II. S. II. p. 186. 187.

Cuspidati triangulares aequilateri, latere recto, margine laevi. P. II. S. II. p. 188. *margine ferrato.* ibid.

Cuspidati triangulares aequilateri, mucrone incurvato, margine laevi. P. II. S. II. p. 188. *margine ferrato.* ibid.

Cuspidati fubulati. P. II. S. II. p. 186. 187.

Cyamea de PLINE. P. III. p. 96.

Cylindritae pentagoni, nom que l'on a donné quelquefois aux Aftéries en colonne. P. II. S. II. p. 81.

Cylindrites, leur forme. P. II. S. I. p. 98. en quoi elles différent du refte des Coquilles. p. 91. en particulier des Volutites. p. 98. elles font très rares. *ibid.* quelquefois le nom de Cylindrites fe donne auffi aux Entroques. P. II. S. II. p. 70.

Cypariffa, on l'a trouvé parmi les foffiles. P. III. p. 50.

Cypraeae obtufae absque fpira manifefta, efpèce de Porcellanite. P. II. S. I. p. 104.

Cypraeae fubturbinatae, autre efpèce de Porcellanite. *ibid.*

Cyprinus, genre de Poiffon, dont on trouve des individus pétrifiés. P. II. S. II. p. 167.

Cyftolithe, efpèce de Pierre judaïque. P. II. S. I. p. 144.

D.

Dactylus marinus. v. *Balani.*

Daphnias, si c'est *l'Hélicite* que PLINE a désigné de ce nom? P. II. S. I. p. 53.

Daphnites, Bois de Laurier fossile. P. III. p. 8.

Dattes, ce que l'on donne pour des Noyaux de ce fruit, ne sont point de veritables Pétrifications. P. III. p. 84.

Dauphin, Poisson cétacé, dont on prétend avoir des Dents fossiles. P. II. S. II. p. 197.

Decactis, espèce d'Etoile de mer. P. II. S. II. p. 259. on l'a trouvé fossile. p. 261.

Décomposition, si elle peût faire naître des Dendrites? P. I. p. 110.

Déluge, si de ce que les Coquilles se trouvent repanduës par toute la Terre, il résulte une preuve complette de cette Catastrophe? P. II. S. I. p. 5. 6. s'il y a eû des corps pétrifiés avant le Déluge? P. I. p. 7. si toutes les Pétrifications doivent leur origine à cette Catastrophe? p. 16. d'où il vint que l'on fût autrefois dans cette idée? p. 98. en rejettant cette hypothèse on ne conteste pas la réalité du Déluge. p. 68. l'Auteur prouve qu'elle est insoutenable. *ibid.* Alexandre ab Alexandro hazarda déjà d'attribuer l'origine des Pétrifications au Déluge. p. 83.

Demoiselles, Insectes, l'on prétend en avoir de pétrifiées. P. I. p. 145.

Dendrachate, Dendragathe, l'on désigne de ce nom toutes les pierres précieuses à demi transparentes qui portent des arborisations. P. I. p. 102. & la variété qui regne dans les dessins de ces arborisations, leur fait donner encore des noms particuliers, *ibid.* v. *Achates.* les Anciens connoissoient déjà les Dendrachates & en faisoient beaucoup de cas. p. 102. les plus belles de ces pierres se trouvent aux Indes orientales & dans le Duché de Deux-ponts. p. 103. l'on doit se garder de les confondre avec les Agates qui renferment des Mousses. P. III. p. 48.

Dendrites, origine de ce nom, dont on désigne les Pierres arborisées, & detail des différens autres noms qu'on leur donne. P. I. p. 100. 101. l'on doit se garder de les confondre avec les Mousses. p. 101. ce ne sont pas des empreintes de Mousses. P. I. p. 101. 109. P. III. p. 79. le nom de Dendrite a été donné quelquefois aussi aux Plantes fossiles. P. III. p. 44. l'on voit de ces Arborisations dans des Cristaux. P. I. p. 102. des Agates. *ibid.* v. *Dendrachates,* des Pierres à fusil, des Jaspes, des Cailloux, des Pier-

res calcaires & marneuses. p. 103. des Spath, des Pierres argilleuses & arénacées. p. 104. sur la Craie, sur des Os, des Dents, & des Noyaux de Coquilles. p. 104. les Dendrites diffèrent, par la variété qui se voit dans leurs dessins & leurs figures. p. 104. & *suiv.* leur delicatesse & leurs couleurs. p. 107. & *suiv.* examens chymiques qu'on en a faits. p. 108. 109. formation des Dendrites, P. III. p. 2. ce qui en fait la base, est une substance martiale & volatile, mais comment elle opère dans la production de ces arborisations? c'est une Question qui a fait naître un grand nombre de conjectures, que l'Auteur détaille. P. I. p. 109. & *suiv.* énumération des Auteurs qui ont écrit sur les Dendrites, & qui ont fait connoître les endroits où l'on en trouve. p. 112. 113. les Pais & les endroits qui en fournissent, sont le Holstein, le Meckelbourg, les environs de Halle, de Francfort sur l'Oder, de Naumbourg. p. 103. de Chemniz, d'Ophausen, le Comté de Mannsfeld, Pappendorf, Nossen, Schmiedeberg, Pappenheim, Eistedt, Solenhofen, Hof, Altenbourg, Baermannsdorf, Schwarzenberg, la Norwegue, Ilefeld. p. 103. 104. Goepforsgrun près de Wonsiedel, les environs de Naila dans le Marggrav. de Bayreuth. *ibid.* Tarnoviz en Silésie, Bouswiler. *ibid.* Planiz, Nossen, Boll dans le Duché de Wirtemberg, les environs de Florence. p. 107. le Mont Sinaï, Sondershausen, Ilmenau, Gera. p. 108. Oeningue, Neufchâtel, Vérone, Angerbourg, Schwarzbourg, Schlottheim. *ibid.* l'Orleannois, l'Anjou, les Sévennes, Alais. p. 113. Freustadt dans la Forêt noire. p. 115. des Copies se voient, P. I. Pl. I. II. III. IV. V. VII. a. XXXIV. a. fig. 6.

Dendrites en forme de rose, espèce d'Arborisations. P. I. p. 105—114. & *suiv.*

Dendrites, ce mot désigne, quoique sans raison, chez certains Auteurs, un Arbre pétrifié ou fossile. P. III. p. 1. 2. v. *Arbres.*

Dendritis alba de PLINE, si c'est une Dendrite? P. I. p. 101.

Dendroïdes, quelques Naturalistes se sont servis de ce mot pour désigner les Arbres pétrifiés, P. III. p. 1. d'autres donnent ce nom aux Dendrites. P. I. p. 100.

Dendrolithes v. *Arbres.*

Dendrolithus, Arbre pétrifié ou fossile. P. III. p. 1.

Dentales, Dentalites, espèce de Tuyaux de mer fossiles. P. II. S. II. p. 245. l'on en trouve à Poeseneck. p. 248.

T

Denta-

Dentalia fossilia, Dentalites, v. l'Art. précéd.

Dentalitae striis circularibus laevissimis. P. II. S. II. p. 248.

Dents pétrifiées ou fossiles. P. II. S. II. p. 157. l'on trouve des molaires, des incisives, des canines. *ibid.* d'où il vient qu'on les trouve plus souvent dans leur état naturel, fort peu altérées, ou calcinées seulement, que converties en pierre, P. I. p. 4. 49. P. II. S. II. p. 157. Dents agatisées. P. II. S. II. p. 157. espèce particulière de Dents molaires, p. 158. Auteurs qui ont écrit sur les Dents fossiles. *ibid.* d'où vient le luisant que l'on trouve ordinairement à ces Dents fossiles? p. 174. souvent elles sont ornées de petites arborisations. P. I. p. 104. Dents calcinées. v. *Unicornu fossile* recherche touchant les originaux de certaines Dents pointues & recourbées, P. II. S. II. p. 206. l'on trouve des Dents fossiles dans la Caverne de Baumann. p. 206. à Querfourt, *Suppl.* p. 180. Dents d'Oursin de mer, v. *Echinites.* Dents d'Eléphant. P. II. S. II. p. 148. de Poissons, p. 164. d'Hippopotame. p. 143. dents d'homme, p. 142. des copies de Dents fossiles se voyent, P. II. Pl. H. Pl. H. 1. *Suppl.* Pl. VIII. fig. 2. Pl. VIII. c.

Dents de Poissons, leurs dénominations différentes, P. II. S. II. p. 185. ce sont de véritables Pétrifications, non obstant les idées erronées des Anciens, p. 185. 186. Classification de ces Dents, imaginée par Mrs. LUID & BERTRAND, p. 186. Mr. GESNER. *ibid.* caractères par lesquels ces Dents de Poisson se distinguent du reste des Ostéolithes, p. 187. comment certaines espèces de ces Dents se distinguent d'une sorte de Dentalite, p. 146. l'Auteur les divise, en 1) Dents en forme d'alène, p. 187. 2) triangulaires. *ibid.* v. *Glossopètres.* 3) coniques, p. 189. 4) orbiculaires & ovales, p. 190. v. *Bufonites.* 5) quadrilatères, p. 191. 6) à dos élevé, p. 193. 198. leurs différences par rapport à leur grandeur, leurs racines, leur couleur, p. 191. le brillant qu'on leur trouve ordinairement, leur est naturel, p. 194. le genre de Poisson auquel une Dent appartient, ne se laisse pas toujours déterminer. p. 195. l'on en a du *Carcharias* & *Lamie.* p. 195. du *Marteau, Zygarna. ibid.* de l'*Acanthias,* du *Requin,* du *Loup.* p. 195. 196. du *Sargo,* de la *Dorade,* du *Brochet,* du *Dauphin.* p. 196. 197. états différens dans lesquels elles se trouvent parmi les fossiles. *ibid.* d'où il vient que ces Dents fossiles sont plus frequentes que les Poissons. p. 198. leur matrice. p. 197. recherches qui restent encore à faire touchant ces Dents de Poisson. p. 206. Auteurs qui en ont écrit. p. 198—200. les Pais & les endroits qui nous en fournissent, sont: Blankenbourg. p. 209. Quedlimbourg. *ibid.* l'Isle de Malthe, Vérone, l'Italie, l'Angleterre. p. 198. l'Ecosse, la France, la Suisse, les environs d'Alzheim, de Mannsfeld, de Lünebourg, la Hesse, le Holstein, la Prusse, la Saxe, la Carniole, la Carinthie, la Silésie. p. 198. le Meckelbourg. *Suppl.* p. 182. les environs de Querfurt. P. II. S. II. p. 190. 198. *Suppl.* p. 181. de Ratisbonne. P. II. S. II. p. 193. l'Isle de Malthe, la Caroline. p. 193. Suffolk, & Marsham dans la Berkshire en Angleterre. *Suppl.* p. 183. des Copies se voient. P. II. Pl. H. I. fig. 4. 5. 6. 11. Pl. H. I. a. fig. 1. 2. 3. 4. *Suppl.* Pl. VIII. d.

Dent machelière de Poisson, déterrée près de Weimar. *Suppl.* p. 183.

—— grosse *Dent machelière de quelque Poisson inconnu.* P. II. S. II. p. 189.

Dentes orbiculati, espèce particulière de Dents fossiles. *Suppl.* p. 182.

Dentes petrefacti. v. *Dents pétrifiées.*

Dentes scutellati & orbiculati de LUID, quelles sont les Dents de Poissons qu'il désigne de ces noms. P. II. S. II. p. 190.

Desséchés, Corps, ce que c'est? P. I. p. 46.

DIOSCORIDE, connaissoit les corps pétrifiés, non comme Naturaliste, mais comme Médecin. P. I. p. 81.

Diphyites, espèce d'Hystérolithe. P. II. S. I. p. 77. ce nom n'est plus en usage aujourdhui. *ibid.* WALLERIUS lui donne un nom particulier. p. 80.

Disette, ce que c'est P. II. S. I. p. 13.

Disettes, orbiculati, nom que l'on donne aux Umbilicites, & d'où il leur vient? P. II. S. I. p. 83.

Discoïdes, espèce d'Echinite. P. II. S. I. p. 136.

Dodecactis, espèce d'Etoile de Mer. P. II. S. II. p. 159.

Doliolum, espèce de Trochite. P. II. S. II. p. 65. 68.

DONATI, (VITAL.) son Histoire naturelle de la Mer Adriatique répand beaucoup de jour sur celle des Pétrifications. P. I. p. 39. 40. l'on rapporte quelques unes de ses Observations. *ibid.*

Donax, de Mr. de LINNÉ, v. *Conque de Vénus.*

Dora-

Dorade, v. *Aurata*.

Draconites. Draconite, Dracontiae, noms que l'on donnoit autrefois aux Astroïtes & d'où cela vient? P. II. S. II. d. 27.

Dragon, Bonnet de, espèce de Patelle ou Lépas fossile. P. II. S. II. p. 264.

Dejites, nom que l'on donne au Bois de Chêne pétrifié. P. III. p. 1. 14. si PLINE attache à ce mot la même signification? P. III. p. 35.

Dudleyfossil, nom que l'on donne en Angleterre à la Trilobite, d'où il vient? P. III. p. 113.

Dureté, la, des Corps pétrifiés varie extrèmement. P. I. p. 8. phénomène dont il est rendu raison. *ibid.* la nature de la matrice y influe beaucoup. *ibid.*

— des Bois pétrifiés varie également. P. III. p. 20. d'où cela vient. *ibid.* toute sorte de Bois en général est susceptible du plus grand degré de dureté. P. I. p. 8.

E.

Eau, c'est par le moien de l'Eau que s'opère l'évaporation des parties volatiles d'un corps qui va être converti en pierre. P. I. p. 1. elle concourt de même à l'imprégnation de ces corps. *ibid.*

Ebène, Bois d', pétrifié. P. III. p. 8. ne doit pas être confondu avec l'*Ebenum fossile. ibid.* ce que l'on donne pour de l'Ebène converti en pierre, n'est souvent que du Bois de chêne pétrifié. p. 14.

Ebur fossile. v. *Unicornu fossile.*

Ecailles de Poisson, pourquoi il est si rare que l'on en trouve de pétrifiées, *Suppl.* p. 181. l'on en trouve dans le Mecklenbourg. *ibid.*

Echelles, fragments d', l'on en a déterrés de convertis en pierre. P. III. p. 19. l'Auteur en a vû un morceau à Florence. P. I. p. 6.

Echinantitae, espèce particulière d'Echinite. P. II. S. I. p. 134. 138. des copies se voient, P. II. Pl. E. III. fig. 2. 5.

Echini dentati. P. II. S. I. p. 140.

Echini marini. v. *Echinites.*

Echinitae clunicularis. P. II. S. I. p. 134.

Echinitae clypeati. ibid.

Echinitae conoidei. P. II. S. I. p. 135.

Echinitae cordati. P. II. S. I. p. 134.

Echinitae cordato ovati. P. II. S. I. p. 139.

Echinitae coronales. P. II. S. I. p. 134. 136.

Echinitae cuspidati. P. II. S. I. p. 139.

Echinitae discoidei. P. II. S. I. p. 134.

Echinitae esculenti. P. II. S. I. p. 137.

Echinitae favoginei. P. II. S. I. p. 142. 154. représentés, P. II. Pl. E. I. a. fig. 3. *Suppl.* Pl. IX. d. fig. 2.

Echinitae fibulares. P. II. S. I. p. 134. 135. 136. des copies. P. II. Pl. E. I. fig. 1. 2. 6. 7.

Echinitae galeati. P. II. S. I. p. 134.

Echinitae globulares. P. II. S. I. p. 134. 136. des copies, P. II. Pl. E. I. a. fig. 2. *Suppl.* Pl. IX. g. fig. 2. 3.

Echinitae globulares subtilissime striati. P. II. S. I. p. 136.

Echinitae laticlavii. P. II. S. I. p. 137.

Echinitae mammillares. P. II. S. I. p. 134. des copies se voient. P. II. Pl. E. I. a. fig. I.

Echinitae oblongo rotundi. P. II. S. I. p. 138.

Echinitae orbiculati. P. II. S. I. p. 136.

Echinitae ovarii. P. II. S. I. p. 134.

Echinitae pentaphylloidae. P. II. S. I. p. 138.

Echinitae pentaphylloidei. P. II. S. I. p. 134.

Echinitae pileati. P. II. S. I. p. 134. 135.

Echinitae placentiformes. P. II. S. I. p. 134. 136.

Echinitae rosacei, des environs de Ras-Sem. P. L. p. 37.

Echinitae rotulares spoliati. P. II. S. I. p. 136.

Echinitae saxatiles. P. II. S. I. p. 137.

Echinitae sinuosi. P. II. S. I. p. 139.

Echinitae spatagoidei. P. II. S. I. p. 134. copies. P. II. Pl. E. IV. fig. 1. 4.

Echinitae vertice fastigiato Listeri. P. II. S. I. p. 135.

Echinites, des Oursins de Mer auxquels elles doivent leur naissance. P. II. S. I. p. 132. *& suiv.* les différens noms que l'on donne à ces Oursins, lorsqu'ils ont passé dans le Regne des Fossiles. p. 133. on les divise en différentes manières. p. 133. 134. leur distribution, d'après Mr. BERTAUD. p. 134. Mr. KLEIN. p. 134. 135. Mr. WOLTERSDORF. p. 134. critique de ces methodes. p. 135. Classification de l'Auteur, qui les distribue en roudes, en ovales, en cordiformes, & en échancrées. *ibid. & suiv.* mammelons dont elles sont garnies. p. 137. états différens dans lesquels elles se rencontrent parmi les fossiles. p. 140. d'où il vient qu'on ne les trouve guères avec leurs piquants. *ibid.* d'où il vient que la coquille en est la plûpart d'une substance spathique. P. I. p. 15. P. II. S. I. p. 141. &

qu'elle

qu'elle diffère par conséquent de celle de la matrice. P. I. p. 23. Oursins métallifés. P. I. p 44. P. II. S. I. p. 141. les pyriteux sont extrêmement rares. P. I. p. 44. leurs noyaux varient beaucoup. P. II. S. I. p. 141. comment on s'assure si une Echinite est encore révetue de sa coquille ou non? p. 141. d'où il vient que l'on en trouve beaucoup qui sont changées en pierre de corne. p. 141. l'on en trouve aussi des noyaux convertis en jaspe. P. I. p. 13. d'où il vient que les Echinites sont si frequentes dans la craie? P. I. p. 16. des fragmens de Coquilles d'Oursins. P. II. S. I. p. 142. 143. v. *Mammelons, Pierres judaiques, Piquants d'Oursins.* leurs Dents. p. 144. v. *Dents d'Oursins.* Osselets d'Oursins. p. 144. 145. Matrices qui les renferment. p. 146. au progrès de l'Histoire naturelle des Echinites ont contribué les Allemands & les Anglois le plus, les Suedois le moins. p. 150. 151. description de quelques espéces d'Echinites rares à quatre & à six bandes ou sillons. *Suppl.* p. 189. 194. LUID rangeoit les Echinites sous les *Crustacea punctata.* P. II. S. I. p. 149. l'on en trouve, à Bade dans la basse Autriche, à Siène, dans les Deserts de Marah. *Suppl.* p. 188. dans le haut Palatinat, aux environs de Leipsic. p. 189. en Angleterre, à Pfeffingen dans l'Eveché de Bâle. P. II. S. I. p. 156. dans le Canton de Bâle. p. 156. 158. à Bubendorf, à Muttenz, à Vérone. *ibid.* dans l'Isle de Malthe, sur les bords du Lac de Neufchâtel. p. 157. dans les Païs de Holstein, de Lunebourg, Mecklenbourg, Wirtemberg, aux environs de Nordhausen, d'Eisleben, en Saxe, sur les Terres de Plauen, à Goslar, sur le Harz, en Silésie, à Hildesheim, Mannsfeld, Schraplau, en France, en Suisse, en Italie, en Danemarc, en Suede. p. 146. *& suiv.* à Niendorp, Brunsvie, Francfort sur l'Oder, Halle, en Danemarc. p. 150. à Mastricht, Neufchâtel. p. 157. dans le Languedoc. p. 158. dans la Franconie, à Angerbourg, Lubec, dans la Wagrie, en Northamptonshire. p. 150. des copies se voient, P. II. Pl. E. V. *Suppl.* Pl. IX. d. pl. IX. g. Pl. IX. h. Pl. X. a. fig. 3. 4.

Echinites cellulaires. P. II. S. I. p. 142. 154. *& suiv.* ENCELIUS fût le premier qui les fit connoître, mais il les prit pour des Aëtites. p. 154. l'Auteur essaie d'en expliquer la formation. p. 155. l'on en a trouvé dans le haut Palatinat. *Suppl.* p. 189. des copies se voient, P. II. Pl. E. I. a. fig. 3. *Suppl.* Pl. IX. d. fig. 2.

Echinite, en forme de Cloche, description détaillée de ce morceau rare. *Suppl.* p. 187. 188.

Echinite, Dents d', elles sont de deux espèces. P. II. S. I. p. 144. l'on en trouve, en Suisse. p. 159 & en Italie. *Suppl.* p. 195. des copies se voient, P. II. Pl. E. VI. fig. 55. 56. 57. 58. *Suppl.* Pl. IX. h. fig. 14—18.

Echinite, Osselets d', fossiles sujets encore à caution, du moins en partie. P. II. S. I. p. 159. on les trouve en Suisse. *ibid.*

Echinite, Piquants, Pointes d', certains Naturalistes on prétendu faire passer pour tels les Bélemnites. P. II. S. II. p. 216. *& suiv.* v. *Piquants, &c.*

Echinites coronalis. P. II. S. I. p. 136.

Echinites favogineus. v. *Echinite cellulaire.*

Echinites floridus KLEINII. *Suppl.* p. 188.

Echino-bryssitae. P. II. S. I. p. 134.

Echino-conitae. P. II. S. I. p. 134. 135.

Echinocorytae. } *Echinocorytes.* } P. II. S. I. p. 134. 139.

Echinodermatum fragmenta lapidea. P. II. S. I. p. 142.

Echinodiscites. Suppl. p. 188.

Echinodiscus circinatus minor margine integro. P. II. S. I. p. 157.

Echinometrae papillis maximis. P. II. S. I. p. 137.

Echinometritae } *Echinométrites* } Oursins de mer à mammelons. P. II. S. I. p. 134. 137.

Echinorum eminentiae mammillares. P. II. S. I. p. 143.

Echinorum eminentiae lapideae miliares. ibid.

Echinorum eminentiae variolatae. ibid.

Echinorum radioli seu aculei glandarii. P. II. S. I. p. 144.

Echinospatagitae, Echinospatagites. P. II. S. I. p. 134. 139. des copies se voient. P. II. Pl. E. I. fig. 5. 6. *Suppl.* Pl. IX. b. fig. 13.

Echinus fossilis orbiculatus ano subremoto, foraminibus nullis pervius indivisus. P. II. S. I. p. 157.

Echinus rosaceus LINN. *Suppl.* p. 188.

Ecorce d'Arbre pétrifiée, P. III. p. 25. 40.

Ecrevisses pétrifiées, leurs différentes dénominations. P. I. p. 113. espèces différentes des Ecrevisses naturelles, que l'on rapporte toutes à deux Genres, l'un de celles à courà courte queuë, l'autre de celles à longue queuë. *ibid.* souvent il est difficile de déterminer le genre & l'espèce auquel une Ecreviße pétrifiée doit se rapporter, & d'où cela vient? p. 125. 116. Essai d'une Classification des Ecrevißes pétrifiées, que l'Auteur vient de hazarder. p. 126. *suiv.* l'on connoit plusieurs espèces d'Ecrevißes qui ne se sont point encore rencontrées parmi les pétrifiées, & de plusieurs sortes d'Ecrevißes pétrifiées l'on n'a point découvert encore les originaux. p. 129. états différens qu'elles ont subis pendant leur sejour dans le Regne des Fossiles. p. 130. parties détachées, cuirasses, pinces, &c. p. 130. 131. les Ecrevißes pétrifiées ne se trouvent pas facilement avec d'autres fossiles. p. 131. l'on en voit qui sont métallisées, & desquelles il faut avoir soin de distinguer les noyaux. *ibid.* leur matrice. p. 132. Auteurs qui en ont écrit. p. 134. l'on trouve de ces Ecrevißes, à Tranquebar, en Italie, à Vérone, en Suisse. p. 130.—132. dans l'Isle de Schepey, aux Indes orientales, à Pappenheim, Solenhofen, Eichstedt, Dax en Gascogne, sur les Côtes de Malabar, de Coromandel, dans la Chine, au Japon, à Canton, à Java, sur le Sund, en Egypte, aux Indes occidentales, en Amérique. p. 130 - 132. en Espagne, en France, à Dieulouard, Angers, au Pais de Glaris, au Laegerberg, au Schneckenberg, à Vicence, en Angleterre, à Helmstedt, à Gehrde dans le Pais d'Hanovre. p. 133. des copies se voient. P. I. Pl. XIII.—XVI. a.

Ecrevißes à courte queuë, *Brachyuri*, il y en a cinq espèces. P. I. p. 124. détail de celles que l'on a trouvé pétrifiées. p. 126. telles sont: *Brachyuri thoraci laevi &c.* p. 126. *thorace supra hirto: thorace spinoso: thorace inaequali.* p. 126, 127. v. *Ecrevißes.*

Ecrevißes à longue queuë, *Macrouri.* P. I. p. 124. leurs espèces différentes. p. 124. 125. détail de celles que l'on a trouvé pétrifiées. p. 127. 128.

Ecreviße, Pince d', pyriteuse que Mr. BRUCKMANN pretend avoir possédée. P. I. p. 44.

Ecrevißes, Queuës d', C. GESNER designa de ce nom les Orthocératites. P. II. S. I. p. 48. le même nom fût donné aussi aux Alvéoles comprimés. P. II. S. II. p. 114.

Elan, Ostéolithes de cet Animal. P. II. S. II. p. 150. l'on en a trouvé à Massel en Silésie. p. 183.

Elatites, Bois de Sapin pétrifié. P. III. p. 2. 13. Si PLINE se sert de ce mot dans le même sens? p. 35.

Eléphant, des Ossemens fossiles de cet Animal qui fûrent trouvés aux environs de Kleinschmiz, de Burgtonna, de Baden, sur le Danube, à Erxleben & Wesel. P. II. S. II. p. 145. à Bettenhausen & Sondershausen. p. 146. aux environs d'Anvers, en Angleterre, à Rome, en Sibérie. p. 146. 147. cependant il faut se garder de prendre d'abord pour des Os véritables d'Elephant tout ce que l'on donne pour tels. p. 147. Auteurs qui ont traité de cet Animal. p. 147. *Not.* comment ces Animaux ont passé dans ces contrées. *ibid.* le Collège des Médecins de Gotha déclara les Os d'Eléphant, qui fûrent déterrés à Tonna, pour des Concrétions de marne & de bol. p. 181. 182. les Romains connoissoient déjà ces Os fossiles, seulement ils n'étoient pas d'accord si c'étoient des Os de Géants ou de quelque animal. p. 178.

Eléphant, Dents d', fossiles. P. II. S. II. p. 148. ce que l'on désigne de ce nom, sont de véritables Dents de cet Animal. p. 106. 207. l'on en a trouvé dans le lit de la Birse près de Bâle. *ibid.* dont la copie se voit, P. II. Pl. H.

ELLIS, *Mr.*, ajouta le plus grand poids à la doctrine qui veut que les Coraux doivent se rapporter au Régne Animal. P. II. S. II. p. 3.

Eminentiae Echinorum v. Echinorum Eminentiae.

Enamesostomi, espèce d'Echinite. P. II. S. I. p. 134.

Empreintes de Coquilles, dans des Pierres arénacées. P. I. p. 13.

Empreintes de Feuilles, d'où il vient que quelquefois l'empreinte d'un même côté d'une feuille se fait voir sur l'un & l'autre des deux schistes entre lesquels la feuille se trouvoit couchée? P. III. p. 59. souvent il est difficile de déterminer à quelles feuilles ces empreintes doivent leur origine. P. I. p. 118.

Empreintes de Plantes, P. III. p. 46. souvent elles sont d'une délicatesse extrème p. 58. des parties d'une Plante s'y voient souvent en réliet tantôt que d'autres sont en creux, d'où cela vient? p. 59. v. Plantes.

ENCELIUS, fût le premier qui fit connoître les Echinites cellulaires, qu'il prit cependant pour des Aëtites. P. II. S. I. p. 154. il croioit que les Echinites s'engendroient dans les têtes des Carpauds. p. 147. ses idées touchant les Corallites. P. II. S. II. p. 39.

Encrinites, ce que c'est. P. II. S. II. p. 62. 63. différens noms que l'on donne à ce Fossile,

file, & origine du mot Encrinite. p. 83.
84. leur forme & nature, *ibid.* leur
Tige. p. 85. v. *Tige d'Encrinite,* leur
Bafe. p. 85. 86. v. *Bafe d'Encrinite.* leur
Couronne, p. 86. 87. d'où il vient que
celle-ci fe trouve fi peu, & que fi elle fe
trouve, c'eft plus fouvent fans tige, qu'a-
vec la tige? p. 108. v. *Couronne,* ces
Tiges ont fouvent la longueur de 18. à
10. pouces. p. 72. leur Rayons. p. 86.
la Racine des rayons. *ibid.* v. *Racine des
rayons.* les Encrinites diffèrent des Pentacrinites, quoiqu'elles fe rapportent à
un même genre. P. I. p. 121. & *fuiv.* P.
II. S. II. p. 84. 92. ce font des Zoophytes, qui ont beaucoup de rapport avec
les Coraux. p. 62. des Polypes qui les
habitent. p. 102. Structure intérieure
des Encrinites. *Suppl.* p. 170. 171. les
différentes fortes de ce Fossile, P. II. S. II.
p. 89. fçavoir, les Ecrinites à dix rayons
bifourchds. p. 90. à 5. & à 6. rayons.
ibid. à 8. à 12. à 10. rayons, & à rayons
qui ne fe divifent point. p. 90. 91. à plufieurs Couronnes fur une même tige. p.
91. s'il y a des différences dans la grandeur qui diftinguent les différentes fortes de ce Fossile? *ibid.* des différens
états dans lesquels il fe rencontre. p. 106.
il eft conftamment de fubftance fpathi-
que, *ibid.* fouvent endommagé. p. 108.
endroit où certains Naturaliftes ont placé la bouche de l'Encrinite. p. 88. ce Fof-
sile donna occafion à une nouvelle Claffification des Etoiles de Mer. p. 98. 118.
pourquoi il fut rangé autrefois parmi ces
dernières? p. 98. Il n'y appartient point.
p. 160. des copies en ont donné ROSI-
NUS, HARENBERG, RITTER, p. 88.
BRUCKMANN, SCHULZE, DAVILA,
HOFER. p. 89. defcription d'une Encrinite finguliére avec fa queue, du Cabinet
de feu Mr. HEIDENREICH. *Suppl.* p.
174. de l'original ou analogue naturel
de ce Fossile. v. *Pentacrinite,* & P. II.
S. II. p. 94. & *fuiv.* l'Hiftoire naturelle
de ce Fossile doit beaucoup à Lachmund.
p. 114. ce Fossile a été trouvé dans le
Canton de Bâle. *Suppl.* p. 173. à Eske-
roda dans le Duché de Brunsvic & à Gan-
dersheim. p. 170. aux environs de Goslar, Calenberg, Wolfenbuttel, Brunsvic,
Hildesheim, en Thuringue, aux environs de Weimar, en Lorraine, dans la
Franche Comté. P. II. S. II. p. 101. des
copies fe voient, P. I. Pl. XI. a. P. II. Pl.
G. III. fig. 3. *Suppl.* Pl. VII. fig. 4. 5. Pl.
VII. b. fig. 1. 2. Pl. VII. e. fig. 5. Pl. VII.
f. Pl. VII g. fig. 1. 2.

*Encrinite, Articulations tuberculeufes du
fommet de la couronne d'une,* le Fossile

que l'on a défigné par cette phrafe n'appartient probablement point à l'Encrinite. P. II. S. II. p. 104.

Encrinite, Bafe d', fa forme et fes différentes
dénominations. P. II. S. II. p. 85. elle
peut être féparée en différentes pièces,
ibid. fes différentes fortes avec leurs variétés, et fi l'on en trouve à treize pans?
ibid. une copie fe voit P. I. Pl. XXXVI.
fig. 14—17.

Encrinites à Colonne étoilée, phrafe par laquelle on défigne les Pentacrinites, P. II.
S. II. p. 91.

*Encrinus capite ftellato ramofo dichotomo fti-
pite pentagono equifetiformi.* phrafe par
laquelle Mr. FLEIS défigne l'original de
la Pentacrinite. P. II. S. II p. 97.

Enneactis, efpéce d'Etoile de Mer. P. II. S. II.
p. 259.

Enoftea, nom dont on défigne les Os pétrifiés.
P. II. S. II. p. 134.

Enoftei, eft de la même fignification que le
mot précédent. *ibid.*

Entalitae, v. *Entalites.*

Entalitae rugofi. P. II. S. II. p. 249.

Entalites, elles font prefque toujours confondues avec les Dentalites. P. II. S. II. p. 245.
elles fe diftinguent en différentes manières. p. 246. Sentiment de l'Auteur fur ce
fujet. *ibid.* & p. 248. elles font, ou liffes 1) liffes filiformes. p. 248. 2) liffes
un peu courbées. p. 249. 3) liffes à articulations annulaires. *ibid.* ou ridées.
1) ridées de forme conique. *ibid.* 2) ridées de forme cylindrique. *ibid.* 3) à
ftries transverfales. *ibid.* 4) à ftries lon-
gitudinales. *ibid.* 5) à réfeau. *ibid.* 6) à
ftries onduleufes. *ibid.* états différens où
on les trouve. p. 254. parmi les endroits
qui en fourniffent, font entre autres, les
environs de Halle. p. 248. & de Maftricht. p. 249. et *Suppl.* p. 147. une copie fe voit *Suppl.* Pl. V. a. fig. 3.

Entomolites, ont été confondues autrefois
avec les Vers. P. I. p. 143. origine de ce
nom. p. 144. l'on doit avoir foin de diftinguer les véritables d'avec les fauffes,
ibid. s'il y en a effectivement de véritables? *ibid.* les Infectes auxquels elles
doivent leur origine, font la plûpart de
ceux dont les nymphes vivent dans l'eau.
p. 145. l'on voit parmi ces Entomolites
des Demoifelles, des Coléoptères, *ibid.*
des Papillons, des Ichneumons, des Hé-
mérobes, des Diptères, des Ruches d'A-
beilles, des enveloppes, des larves, des
Oeufs d'Infectes. p. 146. 147. il eft vrai
que l'on en voit fouvent qui font fort fu-
jets

jets à caution, p. 148. 149. des fausses Entomolites il est parlé fort au long p. 149. les endroits où l'on en trouve, sont indiqués. p. 150. des copies d'Insectes pétrifiés se voient. P. I. Pl. XXXIII.

Entomolithus branchiopodis cancriformis marini, phrase par laquelle Mr. WILKE a désigné la Trilobite. P. III. p. 105. v. *Trilobite.*

Entomolithus cancri, nom qui désigne en général une Ecrevisse pétrifiée. P. I. p. 113.

Entomolithus paradoxus, c'est de ce nom que Mr. DE LINNE désigne la Trilobite. P. III. p. 105. v. *Trilobite.*

Entrochi. v. *Entroques.*

Entrochi columnares, Entroques en forme de colonne. P. II. S. II. p. 70.

Entrochi ramosi. v. *Entroques rameuses.*

Entrochi ramosi repentes. P. II. S. II. p. 75.

Entrochitae v. *Entroques.*

Entroques, ce que c'est. P. II. S. II. p. 63. 70. les différens noms qu'on leur donne. p. 70. leur longueur, qui varie. p. 71. d'où il vient qu'il est rare d'en trouver de fort grandes. p. 108. et qu'elles sont toujours d'une substance spathique. P. I. p. 15. 23. au hazard, & à la manière dont elles sont venuës à être couchées en passant dans le Regne des Fossiles, elles doivent souvent des changemens purement accidentels, tels que sont, d'être écrasées, courbées &c. P. II. S. II. p. 75. quand elles sont courbées, il faut qu'elles aient éprouvé quelque violence externe. *Suppl.* p. 172. l'on en trouve quelquefois les noyaux séparés, & d'une figure particulière. *Suppl.* p. 158. comment ce fossile se distingue des Coralliolithes articulés. P. II. S. II. p. 71. 76. & des Orthocératites. p. 73. pourquoi les Naturalistes des Siécles passés l'ont rangé à côte des Pierres judaïques. p. 112. Imperati regarda les Entroques comme une espèce de ces dernières et leur donna le nom de *columnae judaicae.* p. 71. les différentes sortes de ce fossile, distinguées d'après les différences qui se remarquent parmi les Trochites qui les composent. p. 71. *& suiv.* d'après les différences de leurs surfaces latérales. p. 71. de là vient, que l'on voit des Entroques à entaillures unies et simples. *ibid.* à entaillures dentelées & en forme de Ziczacs. p. 72. à ent. arquées & onduleuses. *ibid.* à ent. en forme de chaine, quoique proprement ce fossile ne devroit pas être rangé parmi les Entroques. *ibid.* Mr. KLEIN supposa à plusieurs sortes d'Entroques une

espèce d'enveloppe membraneuse qu'il appelle *corium*, que l'Auteur ne sauroit admettre. *Suppl.* p. 176. description des Entroques singulières de l'Isle de Gothlande. P. II. S. II. p. 121. *Suppl.* p. 140. 175. Auteurs qui ont traité des Entroques, P. II. S. II. p. 73. on les trouve, à Arnebourg et Havelberg. *Suppl.* p. 170. dans la Birse. P. II. S. II. p. 121. à Blankenbourg. P. I. p. 14. dans la Franconie. *Suppl.* p. 179. dans l'Isle de Gothlande. P. II. S. II. p. 124. *Suppl.* p. 175. aux environs de Danziek. p. 176. en Angleterre. P. II. S. II. p. 121. des Copies se voient, P. I. Pl. XI. a. Pl. XXV. fig. a. b. c. Pl. XXXVI. fig. 8. 9. 11. 12. P. II. Pl. G. II. IV. V. VI. *Suppl.* Pl. VII. fig. 1. 2. 3. Pl. VII. a. fig. 3. 5. Pl. VII. c. fig. 2. 3. 4. 5. Pl. VII. d. Pl. VII. f. fig. 3.

Entroques, de l'Isle de Gothlande, LANGE les appelle *Entrochos majores*, WOLTERSDORF *Lapides solares*. P. II. S. II. p. 128. en quoi elles diffèrent des Entroques ordinaires. p. 122. 123. l'on en voit aussi de rameuses. p. 123.

Entroques à mamelons, forme, & espèces différentes de ce fossile. P. II. S. II. p. 76.

Entroques rameuses, ce que c'est. P. II. S. II. p. 70. 73. fossiles sur lesquels les Naturalistes ne sont point encore d'accord. p. 73. si les ramifications leur sont naturelles ou accidentelles. p. 119. *& suiv.* l'on en trouve différentes sortes. *Suppl.* p. 171. 172. comment elles se distinguent des Coralliolithes articulées. P. II. S. II. p. 76. Entroques rameuses rampantes. p. 75. à branches écartées, qui se subdivisent. p. 74. on les trouve aussi parmi les Entroques de l'Isle de Gothlande. p. 124. il s'y rapporte aussi la Rose de Jericho. p. 75. v. *Rose de Jericho.* fragmens de la racine des Entroques rameuses. p. 76. on les trouve à Arnebourg & à Stargard, dans le Duché de Mecklenbourg. *Suppl.* p. 171. en Angleterre. P. II. S. II. p. 74. à Friedland. *Suppl.* p. 173. à Pfeffinguen. P. II. S. II. p. 121. 122. à Zurzach. p. 122. des copies se voient, P. II. Pl. G. II. Pl. G. IV. *Suppl.* Pl. IV. b. fig. 4 — 8. Pl. VI. fig. 6. 7. 8. Pl. VII. a. fig. 4.

Entrochorum radices, P. II. S. II. p. 76.

Entrochus major, LANG désigne de ce nom les Entroques. P. II. S. II. p. 128.

Entrochus ramosus repens. P. II. S. II. p. 75. 121.

Entroques étoilées épineuses. P. II. S. II. p. 81.

Enveloppes d'Insectes, l'on prétend en avoir trouvé de pétrifiées. P. I. p. 146.

Ephippiaria de LUID, espèce de Dent de poisson fossile. P. II. S. II. p. 192.

Epis de Blé, détail des différens fossiles connûs sous ce nom, où l'on avertit en même tems, que ce ne font pas tous de véritables pétrifications. P. III. p. 81. surtout on s'attache à faire connoître ceux d'Illmenau. *Suppl.* p. 132. une copie se voit, P. III. Pl. α. 2. fig. 4.

Epi de Blé de Turquie de Mr. DAVILA. P. III. p. 82.

Epi, (*Fossile de Frankenberg en forme d'*) sa description. P. III. p. 38. 39. origine de cette dénomination. p. 39. ce n'est point de véritable pétrification; & il est peu fréquent. *ibid.* sa figure se voit. P. III. Pl. 1.

Eponges de mer. P. II. S. II. p. 36. il y en a probablement de pétrifiées. *ibid.* si elles font susceptibles d'un tel changement? *ibid.*

Equisetum pétrifié, se trouve dans les Sevennes. P. III. p. 67. 103.

Equisetum palustre pétrifié. P. III. p. 50. se trouve aux environs de Dresde, & à Sangerhausen. p. 64.

Erica marina. P. II. S. II. p. 32.

Ericites, espèce de Dendrite. P. I. p. 101. 105. 114.

Eruca, en Angleterre l'on désigne de ce nom la Trilobite. P. III. p. 106. v. *Trilobite.*

Eruca anthropomorphites, nom que l'on donne à la Trilobite. P. III. p. 105.

Escares fossiles, *Escarites.* v. *Rétéporites.*

Eschara, nom qui désigne un genre de Polypier auquel les Rétéporites doivent leur origine. P. II. S. II. p. 19.

Eschara crustulenta Rankaniensis. P. II. S. II. p. 20.

Eschara fascialis. ibid.

Eschara foliacea. P. II. S. II. p. 20.

Eschara linteiformis punctata. P. II. S. II. p. 19.

Eschara lutosa. ibid.

Eschara papyracea. P. II. S. II. p. 20.

Ἐσχαρα, signification de ce mot. P. II. S. II. p. 19.

Escharites. v. *Rétéporites.*

Etamines de quelque fleur, l'on prétend en avoir trouvé de pétrifiées, de quoi cependant l'on doute. P. III. p. 71.

Etangs, lorsqu'ils viennent à être desséchés, ils peuvent occasionner des Pétrifications. P. I. p. 75.

Etoiles de mer, on ne doit pas les ranger sous le même ordre avec les Encrinites & les

Pentacrinites. P. II. S. II. p. 97. 160. d'où il vint que ces dernières furent rapportées autrefois parmi les Etoiles de Mer. p. 98. certains Naturalistes imaginèrent une Classification particulière des Etoiles de Mer, pour pouvoir y faire entrer les Encrinites. p. 118. d'autres les divisoient en Etoiles qui changent de place et en immobiles. p. 98. leur forme & caractère. p. 158. elles se divisent, en 1) fendues, *Stellae fissae.* p. 158. 159. & 2) entières, *integrae.* p. 160. les Etoiles de Mer fossiles que l'on connoit, sont rapportées à leurs genres naturels. p. 161. *& suiv.* différens étate qu'elles ont subis. p. 163. observations particulières touchant les Etoiles fossiles de Mastricht. *Suppl.* p. 158. endroits où l'on en trouve, les environs de Pirna, Chaffri sur Saone. P. II. S. II. p. 161. Malesme. *ibid.* Solenhofen, Pappenheim, p. 261. 262. Cobourg, p. 166. Mastricht. *Suppl.* p. 158. Neustreliz, *Suppl.* p. 171. des copies se voient, P. I. Pl. XI. P. II. Pl. L. fig. 1. 2. 3. *Suppl.* Pl. VI. fig. 8 — 17. Pl. VII. fig. 9. Pl. VII. a. fig. 9. 10. Pl. VII. b. fig. 3. 4.

Etoiles arborescentes à tige pentagone, phrase par laquelle on désigne les Pentacrinites. P. II. S. II. p. 93. v. *Pentacrinites.*

Etoiles de mer à queuë de lézard. P. II. S. II. p. 160.

Evaporation, une des causes qui concourent à opérer le changement d'un corps en pierre. P. I. p. 2. comment elle se fait, & les effets qu'elle produit. *ibid.* elle est causée par l'eau, par la chaleur, souvent par le concurs de l'une & de l'autre. *ibid.* comment un corps doit être disposé pour que l'évaporation puisse y avoir son effet? p. 3. les corps en sont altérés en différentes manières. p. 24. comment elle s'opère dans les bois qui vont être convertis en pierre. P. III. p. 18.

Eventail de Mer, *fossile*, espèce de Kératophyte en forme de rézeau. P. II. S. II. p. 30.

Eupetalos de PLINE. P. III. p. 96.

Exhalation. v. *Evaporation.*

F.

Falcatulae, espèce de Dents de Poisson fossiles. P. II. S. II. p. 188.

Fario, espèce de Poisson, petrifié. P. II. S. II. p. 167.

Fer, une Mine de Fer limoneuse en forme de fève, est souvent prise pour des Fèves con-

converties en pierre, mais sans raison P. III, p. 82.

FERMIN, Mr. s'il a découvert l'original de la Bélemnite? P. II. S. II. p. 218. 223.

Ferrugineux, Bois fossile; v. *Bois.*

Ferrugineuses, Pierres, v. *Pierres.*

— — *Pétrifications,* observations sur ces sortes de Pétrifications. P. I. p. 44. ce ne sont la plûpart que des noyaux, *ibid.*

Feu souterrain, si nos Pétrifications lui doivent leur origine? P. I. p. 68.

Fèves, fausses Pétrifications en forme de fève. *Suppl.* p. 119.

Fèves du Nil, ce que c'est, rêveries des Anciens au sujet de ces pierres. P. III. p. 96.

Fèves des Indes, haricots, l'on donne pour des gousses de fève pétrifiées des pierres qui ne sont rien moins que cela. P. III. p. 82.

Feuilles, leurs différentes dénominations, P. III. p. 44. il est rare d'en trouver d'entières. p. 54. les empreintes en sont fort fréquentes. p. 52. dans des grais, P. I. p. 13. P. III. p. 51. 54. des pierres calcaires, des marbres, P. III. p. 51. les Jaspes & les Agates ne sauroient en renfermer. P. III. p. 55. dans les lits qui en renferment, elles sont couchées en différentes manières. p. 57. tantôt sans aucun ordre, tantôt au contraire d'une manière fort régulière, & d'où cela vient? *ibid.* ordinairement les feuilles d'une même forme se trouvent ensemble. p. 58. Empreintes de feuilles, v. *Empreintes.* la couleur de ces feuilles pétrifiées varie beaucoup. p. 60. quelle en est la cause. *ibid.* rapport de la couleur des Schistes qui leur servent de matrice à celle des feuilles qu'ils renferment, p. 61. 62. la cause à laquelle les feuilles doivent leur passage dans le Regne des Fossiles, n'est pas la même que celle qui y a fait passer les Coquilles. p. 62. parmi ces Bibliolithes l'on distingue les Feuilles pétrifiées, des Empreintes, & des Feuilles incrustées. p. 68. les plus rares de toutes sont les Feuilles pétrifiées, & parmi les empreintes les plus rares sont celles qui se rencontrent sur le Succin ou l'ambre jaune. *ibid.* les Feuilles incrustées sont de deux sortes, l'une se fait dans les batimens de graduation, l'autre se trouve dans les tufs, *ibid.* & cette dernière varie encore en différente manière. p. 54. des Feuilles incrustées, voy. l'article suivant. La plûpart de ces Bibliolithes viennent d'arbres indigènes. p. 69. notice sommaire des différentes sortes de ces Feuilles que l'on a trouvées jusqu'ici. *ibid.* les Sagittes, que l'on désigne communément du nom d'Helicites, ne sont point des Feuilles. *ibid.* v. *Hélicites.* Auteurs qui ont traité des Bibliolithes. p. 69. *Not.* les différentes sortes de ces Feuilles se trouvent indiquées plus bas, sous le mot *Folium &c.* Endroits où l'on en trouve: Blankebourg dans le Harz. P. III. p. 52. Cotta près de Dresde. p. 51. l'Islande. p. 61. les environs de Mansfeld, la Franconie, Cobourg, Lauterberg, Langenberg, Schoenbach, p. 64. 65. Koenigsloutter, la Wetteravie. p. 65. 66. Mi Careosne. p. 67. Chaumont p. 69. des copies se voient. P. I. Pl. IX. IX. a. IX. b. IX. c. Pl. XXXVIII.

Feuilles, incrustées, comment elles se font, P. III. p. 46. il y en a de différentes sortes. *ibid.* l'on trouve de ces feuilles qui n'ont souffert aucune alteration. *ibid.* ce sont bien des feuilles fossiles, mais non pas des feuilles converties en pierre. *ibid.* comment cela arrive. *ibid.*

Feuille de Chou, Coquille, sa description, & ses différens noms. P. II. S. I. p. 70. c'est une espèce de Camite, qu'il est fort rare de trouver parmi les fossiles. p. 71. on l'a trouvée à Vérone. *ibid.* une copie se voit, P. II. Pl. B. II. 6. * fig. 4. 5.

Ficoïdes ce que c'est. P. II. S. II. p. 21.

Figues pétrifiées, fossiles, sujettes à caution. P. III p. 84.

Figue, Coralloïde en forme de, P. II. S. II. p. 47.

Figurées, Pierres. v. *Pierres &c.*

Filicastrum septentrionalium Ammanni, fossile trouvé à Manebach. P. III p. 100.

Filix, Faugères, l'on en a trouvé presque toutes les espéces à Essen & aux Sevennes. P. III. p. 50. 66. 67.

Fleurs, pétrifiées, fossiles, d'où il vient qu'elle ne sont point frequentes? P. III. p. 69. HENKEL fut tenté de croire qu'il n'y en ait point. p. 70. l'on prétend avoir trouvé le *Tournesol, l'Aparina densius foliata, l'Aster montanus, Jacea nigra, Rubeola mineralis, Alsine,* & d'autres, la plûpart sujettes à caution. p. 70. les Anthères pétrifiées, que l'on veut avoir découvert, sont aussi fausses, que les fleurs du Mont Sinaï, & les pretendus chatons. p. 71. d'où il vient que la plûpart des Fleurs pétrifiées se trouvent dans les couches les plus profondes. *ibid.* quoique ce phénomène ne soit pas entièrement hors de doute, les couches qui les renferment, paroissent être des dépots d'une eau tranquille. p. 72. l'on doit en avoir déterré près de Laffig en Siléfie, & à Ilefeld. p. 70.

Fleur hexagone d'un Coralloïde. v. *Corail, Fleur de Corail.*

Florence, Marbres de, v. *Pierre de ruines* &c.

Flos chryfanthemi, pétrifié. P. III. p. 50.

Fluidum cryftallinum. v. *Criftallin, Fluide* &c.

Fluors, à demi transparens, comment ils s'engendrent, P. I. p. 11.

Foeniculum vulgare, pétrifié. P. III. p. 50.

Folium Algae marinae petrifié. *ibid.*

Folium Alfinis pétrifié. *ibid.*

Folium Centaurii pétrifié. *ibid.*

Folium Coriandri pétrifié. *ibid.*

Folium Cyclaminis pétrifié. *ibid.*

Folium Equifeti pétrifié. *ibid.*

Folium Filicis pétrifié. *ibid.*

Folium Filiculae pétrifié. *ibid.*

Folium Fragariae pétrifié. *ibid.*

Folium Graminis canini pétrifié. *ibid.*

Folium Hederae pétrifié. *ibid.*

Folium Hepaticae pétrifié. *ibid.*

Folium Iaceae pétrifié. *ibid.*

Folium Lichenis pétrifié. *ibid.*

Folium Narciffitae pétrifié. *ibid.*

Folium Onobrychis pétrifié. *ibid.*

Folium Plantaginis pétrifié. *ibid.*

Folium Polypodii pétrifié. *ibid.*

Folium Primulae Veris pétrifié. *ibid.*

Folium Securidacae pétrifié. *ibid.*

Folium Serpilli pétrifié. *ibid.*

Folium Siliquaftri pétrifié. *ibid.*

Folium Thymi pétrifié. *ibid.*

Folium Trichomanis pétrifié. *ibid.*

Folium Trifolii pétrifié. *ibid.*

Folium Tuffilaginis pétrifié. *ibid.*

Folium Viciae pétrifié. *ibid.*

Fongites, ce que c'eft. P. II. S. II. p. 7. les Anciens leur donnoient le nom d'Alcions, p. 20. fens de ce mot établi, p. 21. aujourdhui on les claffifie en deux manieres, ibid. Claffification de Mr. BERTRAND. p. 21. 22. de Mr. WALCH. p. 23. comment on les diftingue des Aftroites. p. 27. & des Alcions, p. 33. la plûpart elles font très bien confervées. 37. obfervations touchant certaines fortes de Fongites fingulières des environs de Maftricht. *Suppl.* p. 168. MOSCARDI prenoit nos Fongites pour des Champignons

terreftres convertis en pierre. P. II. S. II. p. 40. LANGE appelle une certaine efpèce de ce Foffile du nom de *Balanite.* p. 156. Fongites à lames ondoyantes. p. 25. Fongites anguleufes. p. 24. à furface large, concave & à bords repliés, *ibid.* à tige longue, la plûpart cylindrique, *ibid.* v. *Hippurites.* on les trouve, dans la Birfe, riviere du Canton de Bâle. p. 51. à Pfeffingen. p. 52. en Souabe. p. 52. dans l'Isle de Gothlande. p. 15. 55. à Hobel dans le Canton de Soleure. p. 49. fur le Randen, Montagne du Canton de Schafhoufe. p. 49. 50. au Nushof dans le Canton de Bâle. p. 49. à Londenbeck près de Hattenrode. p. 50. à Blankenbourg. p. 50. à Maftricht. *Suppl.* p. 164. 168. des copies fe voient. P. II. Pl. F. II. Pl. F. III. Pl. F. III. a. Pl. F. IV. a. Pl. M. fig. 3. Suppl. Pl. III. b. fig. 5. Pl. VI. fig. 4. a. b.

Fongites feuilletées, l'on en trouve à Maftricht. *Suppl* p. 164. feuilletées & pointillées à couches irregulières. P. II. S. II. p. 25. étoilées p. 26. feuilletées & pointillées à couches regulières. p. 25. des figures fe voient, P. II. Pl. F. IV. fig. 5.

Fongites lamelleufes, l'on en trouve à Maftricht. *Suppl* p. 164. deffinées, P. II. Pl. F. III. a. fig. 4.

Fongites orbiculaires, fort bombées en deffus. P. II. S. II. p. 23. convexes en deffus & concaves en deffous. *ibid.* à furface large & concave. *ibid.*

Fongites poreufes, leurs différentes efpèces. P. II. S. II. p. 26. à furface convexe & garnies d'une tige. *ibid.* convexes en deffus & plattes en deffous, fans tige. *ibid.* à furface concave, avec une tige. *ibid.* deffinées, P. II. Pl. F. III. fig. 2.

Forialitia, efpèce de Piquants d'Ourfin, ou Pierres judaïques. P. II. S. I. p. 143. 144.

Foffiles, ce que c'eft? P. I. p. 1. l'on peut les divifer en corps pétrifiés, métallités, calcinés, terrifiés, confervés, durcis, & incruftés. p. 1. 2. quelquefois les mots de *corps pétrifié* & *corps foffile* font pris pour fynonymes. p. 2. noyau d'un corps foffile, ce que c'eft. p. 57.

Fougères, foffiles, font fréquentes à Moinebach, & à Rothenbourg dans le Sadercis. p. 100. v. auffi *Filix.*

Fougère femelle, foffile, fe rencontre aux Sevennes. P. III. p. 102.

Fougeres, Sémence de, l'on prétend en avoir trouvé de pétrifiée. P. III. p. 92.

Fouteau, Bois de, pétrifié. P. III. p. 12. 17. on lui donne le nom de Phegites. P. III. p. 2.

Fou-

Fouteau, *Bois de*, des Arbres entiers de cette espèce de Bois, convertis en pierre, ont été trouvés à Chemnitz, & au Joachims-thal. P. III. p. 2.

FRACASTORIUS, nous fait connoître les idées des Savans de son tems au sujet des Pétrifications. P. I. p. 84. P. II. S. I. p. 11.

Frankenberg, *Fossile de*, en forme d'Epi. v. *Epi* &c. connû sous le nom de Stangen-gruppen, la description. P. III. p. 38. *& suiv.* si c'est du Bois? idées des Naturalistes, sur ce sujet. p. 11. 39. l'Auteur ne veut pas que ce soit du Bois. p. 22. sentiment de Mr. LEHMANN. p. 11. ce Fossile contient de l'argent. P. I. p. 43. il n'est point fréquent. P. III. p. 39. description d'un morceau singulier. p. 41. des copies se voient, P. III. Pl. 1. Pl. φ. * fig. 1. 2.

—— *Schiste de*, avec des impressions en forme d'ailes de Mouches, ne renferme point de véritables Insectes. P. I. p. 149. ce que c'est. P. III p. 39. probablement des empreintes de plantes. p. 66. non pas de feuilles. p. 69.

Frêne, *Bois de*, pétrifié. P. III. p. 15. l'on en trouve en Islande. p. 5.

Frêne, *Semence de*, l'on veut en avoir trouvé de pétrifiée. P. III. p. 93.

Freyberg, *Anthropolithe de*, P. II. S. II. p. 140.

Fruits, *pétrifiés*, on leur donne le nom de Carpolithes, *Carpolithi*. P. III. p. 44. l'on a fait passer bien des fossiles pour des fruits pétrifiés qui ne l'étoient point, p. 79-80. il n'est pas impossible qu'il y en ait de véritables, mais il y a quantité de corps fossiles qui, avec toute la ressemblance qu'ils ont avec des fruits, ne laissent pas d'être fort douteux, p. 80. il y en a qui ont un air moins équivoque. *ibid.* de ce nombre sont: les Epis de Blé. p. 81. les Grains de Froment, de Mays. *ibid.* les Grains de Millet, de Pavot, &c. que l'on peut chercher chacun sous son article. L'Auteur en fait quatre Classes. 1) les corps pétrifiés qui ressemblent à des fruits, mais qui n'en sont point; tels que sont les *Lentes lapideae*. 2) les pierres idiomorphes, qui ne sont point des corps convertis en pierre, telas que les Pisolithes. 3) les pierres figurées, qui doivent leur forme au hazard, comme celles qui imitent par leur figure des Pommes, des Poires &c. 4) les véritables Carpolithes, ou fruits convertis en pierres. P. III p. 93. Auteurs qui ont écrit sur les Fruits & les Plantes pétrifiés. p. 93.

& suiv. les fausses Carpolithes doivent leur naissance a plus d'une cause. *Suppl.* p. 110. description d'un fruit singulier, trouvé en Pologne par Mr. BORLACH. *Suppl.* p. 130. 131. Païs & endroits qui fournissent des Carpolithes: l'Angleterre, la Suisse, Ruti, les environs de Vienne, le Piémont. P. III. p. 90. la Silésie, Commodau. p. 90. 91. Lons le Saunier dans la Franche-Comté, le Piémont p. 84. 85. des copies se voient, P. III. Pl. 1. fig. 13. a, b, Pl. φ. fig. 1. 2. *Suppl. Pl.* III. a, Pl. III. b.

Fucus *eschariformis*. Suppl. p. 167. on le trouve à Maftricht. *ibid.*

Fulminaire, *Pierre*. PLINE désigne de ce nom une espèce de *Glossopètre*. P. II. S. II. p. 201. d'autres le donnoient aux Echinites. P. II. S. I p. 147. de même qu'aux Bélemnites. P. II. S. II. p. 211. 214.

Fumaria, plante fossile. P. III. p. 50.

Fungi *astroitici*, Astroites. P. II. S. II. p. 27. v. *Astroites.*

Fungi *encephaloidae*. P. II. S. II. p. 25.

Fungitae *cyathiformes*, Hippurites. P. II. S. II. p. 24. v. *Hippurites.*

Fungitae *minimi, pediculo destituti*, phrase par laquelle on a designé les Hélicites. P. II. S. I. p. 54. v. *Hélicites.*

Fungitae *orbiculati*, P. II. S. II. p. 21. 22. 23. v. *Porpites.*

Fungitae *pileati*, P. II. S. II. p. 51.

Fungitae *superficie foliacea*. P. II. S. II. p. 25.

Fungitae *undulati*. P. II. S. II. p. 25.

Fungites, Mr. GUETTARD se sert de ce mot dans un sens fort étroit. *Suppl.* p. 154.

Fungites *mediae magnitudinis, tetragonus, Gothlandicus*. P. II. S. II. p. 24.

Fungites *orbiculatus*, espèce particulière de cette sorte de Fongite décrite. *Suppl.* p. 156.

Fungites *quercinus*, v. *Champignons terrestres.*

Fungites *trochiformis*, P. II. S. II. p. 24.

Furcati *de LUID*, sont des racines de quelque Dent fossile. P. II. S. II. p. 193.

Fusts *de Coquilles*, fossile inconnû aux Auteurs qui ont écrit sur les Pétrifications. P. II. S. I. p. 113. déterrés à Vérone, à Neufchâtel, à Valenciennes, à Soleure en Suisse. *ibid.*

G.

Gadus, genre de Poisson, pétrifié. P. II. S. II. p. 167.

X 2

Galeae, / *Galeolae,* } espèces d'Echinite. P. II. S. I. p. 138.

Galles, Noix de Galle, ce que l'on donne pour des Galles converties en pierre, ne font que des fausses Pétrifications. P. III. p. 90.

Gallium, Plante pétrifiée. P. III. p. 50. déterrée dans les Sevennes. p. 67.

Gallium album, pétrifié. P. III. p. 50.

Gallium album latifolium pratense, trouvé dans les Sevennes. P. III. p. 102.

Gallium luteum, trouvé dans les Sevennes. P. III. p. 103.

Gammarolithus, Ecrevisse pétrifiée. P. I. p. 113.

GASSENDI donna à la force que d'autres désignoient du nom de *Vis plastica,* celui de *vis lapidifica seminalis.* P. I. p. 88. P. II. S. I. p. 18.

Gateaux, espèce d'Oursins fossile, de Rassem. P. I. p. 37. v. *Lagana.*

Géants, Os de, SUETOINE & d'autres des Anciens en ont déjà fait mention dans leurs écrits. P. I. p. 81. combien ils méritent d'attention? P. II. S II p. 143. 144. Auteurs qui en traitent, & en refutent l'existence. p. 144. Histoire de ces Os. p. 178. *& suiv.*

Generatio aequivoca, idée soutenuë par ARISTOTE, & repanduë dans la suite, P. I. p. 83. fatale à l'Histoire naturelle des Pétrifications, par les torts qu'elle lui causa. P. II. S. I. p. 19. 15. de ce qui fit naitre des doutes sur cette doctrine. p. 22.

Genevrier, Bois de, pétrifié. P. III. p. 15.

GESNER s'est donné de la peine pour découvrir les Pétrifications dont PLINE nous a laissé les noms, quoiqu'il ne fût pas toujours assés heureux d'y réussir. P. III. p. 97. il répéta dans ses écrits ce qu'il avoit appris de PLINE & de DIOSCORIDE. P. II. S. II. p. 39. il emprunta de Pline, sans l'examiner, P. II. S. I. p. 117. il est le premier qui fit mention des Ostracites. *ibid.*

GESNER (Mr. JEAN) est le premier qui découvrit l'embouchure des Héliceites P. II. S. I. p. 52. son Système cosmologique, P. I. p. 78.

Glandites, v. *Glands.*

Glands, pétrifiés, il faut distinguer les véritables d'avec les faux. P. III. p. 90.

Glands de Mer, v. *Balanites.*

Globi corallini fistulosi. P. II. S. II. p. 16.

Globosites, ce que c'est. P. II. S. I. p. 15. les Coquilles de ce genre que l'on a trouvées parmi les fossiles, ne diffèrent pas beaucoup des Nérites. *ibid.* p. 84. comment on les distingue. *ibid.* p. 90. leur analogue marin, & leur rareté. *ibid.* p. 85. comment elles se distinguent des Bulites, p. 97. l'on en trouve aux environs de Turin, de Schaffouse, au Piémont, à Vérone. p. 90. des copies se voient. P. II. Pl. B. VI. b. fig. 17. 19. 31. 31.

Glossopetrae, nom que l'on donne à certaines espèces de Dents de Poisson fossiles. P. II. S. II. p. 185. quelles sont ces Dents. p. 187. *& suiv.* si PLINE en use dans le même sens. p. 201. ce qu'il désignoit de ce nom, étoient probablement de ces prétendues pierres de Tonnerre. p. 201.

Glossopetrae falcatae. P. II. S. II. p. 188.

Glossopetrae falcatae & serratae. P. II. S. II. p. 188.

Glossopetrae minores, quelles sont les Dents de Poisson que l'on désigne de ce nom? P. II. S. II. p. 188.

Glossopetrae serratae, P. II. S. II. p. 188.

Glossopetrae tricuspidatae, P. II. S. II. p. 189.

Glossopetrae tricuspidatae laeves. P. II. S. II. p. 189.

Glossopètres, leurs différentes sortes P. II. S. II. p. 188. & couleurs, p. 194. BRUCKMANN doit en avoir possédé une pytheuse. P. I. p. 44. si celles d'une grandeur très considérable viennent du Carcharias ou de quelque autre sorte de grand Poisson de Mer. P. II. S. II. p. 195. elles ne viennent pas toutes du Carcharias, p. 208. déjà du tems de GESNER on les regarda comme des Dents de quelque grand Poisson. P. I. p 85. idées différentes que l'on eut au sujet de ces Dents, & de leurs grandes vertus médecinales. P. II, S. II. p. 201. d'où il vint que MERCATUS ne les déclara point pour des Dents fossiles du Carcharias? p. 202. s'il est vrai qu'ORPHEE en a déjà fait mention? p. 202. des endroits où l'on en trouve, l'on peut consulter l'Article *Dents de Poisson:* tel sont principalement, l'Isle de Malthe. P. II. S. II. p. 198. 203. l'Ecosse, les environs de Lunebourg, d'Alzey, la Suisse, la Saxe, la Prusse, la Hesse. p. 198. la Silésie. *ibid.* l'Angleterre. p. 201. Querfourt. p. 198. 199. *Suppl.* p. 181. des copies se voient. P. II. Pl. H. I. fig. 4. 5. 6. 11. Pl. H. I. a. fig. 1. 2. 3. 8. *Suppl.* Pl. VIII. d.

Glottidae, espèce de Dents de Poisson. P. II. S. II. p. 187.

Gobio, forte de Poiffon, converti en pierre. P. II. S. II. p. 167.

Gorgonia flabellum. P. II. S. II. p. 8. 30.

Gorgonia petechizans. P. II. S. II. p. 31.

Gorgonia reticulata, se trouve à Maftricht. *Suppl.* p. 165.

Gousses, de fèves, de vesse, de pois, l'on prétend en avoir de pétrifiées. P. III. p. 82. l'on en voit d'incrustées. *Suppl.* p. 129.

Gracirrhyngi de LUID, espèce de Dents de Poiffon fossiles. P. II. S. II. p. 188.

Grains de Blé, pétrifiés, il faut avoir soin de distinguer les véritables d'avec les fausses Pétrifications que l'on donne pour tels. P. III. p. 81. caractères auxquels on les discerne, endroits où l'on trouve de ces derniers. *ibid.*

Grais, Grès, Pierre arénacée, qui sert souvent de matrice à des corps pétrifiés. P. I. p. 17. d'où il vient qu'il est si rare d'en trouver dans des pierres arénacées à gros grains. p. 31. 32. quelle est la cause de la conservation parfaite que l'on trouve ordinairement aux Coquilles renfermées dans le grais. p. 49. comment il peut arriver que des noyaux de cette forte de pierre présentent tous les traits du test d'une coquille, lorsque celui-ci se trouve totalement détruit. P. II. S. I. p. 69. l'on trouve aussi des Grais dendrites ou arborisés. P. I. p. 104.

Grais, avec des empreintes de Plantes. P. III. p. 53. ce sont la plûpart des typolithes de feuilles. *ibid.* leur formation. p. 54.

Grais, Montagnes de, v. *Montagnes.*

Gramen caninum, pétrifié. P. III. p. 50.

Gramen paniceum, pétrifié. P. III. p. 50.

Granite, d'où il vient que l'on n'y trouve point de corps pétrifiés. P. I. p. 19, 20. P. II. S. I. p. 9.

Grecs, les, jusqu'où s'étendoient leurs connoissances dans l'Histoire naturelle des Pétrifications. P. I. p. 80. ils abandonnoient cette étude aux Médecins. P. II. S. I. p. 35.

Grenats, *Mr. ZIMMERMANN* prétend en avoir vû d'arborisés. P. I. p. 101.

Grenouilles, d'une source dans les environs de Bleicherode, dont les eaux charient des osselets de grenouilles. P. II. S. II. p. 171.

Grenouille, Tête de, renfermée dans une Ardoise de Glaris, du Cabinet de Mr. GESNER. *ibid.*

Griffes du Diable, Coquille, espèce d'Ailée, qui ne s'est pas encore rencontrée parmi

les dépouilles du Regne des Fossiles. P. II. S. I. p. 98.

Grondeur, Poisson, duquel doivent venir les Bufonites. P. II. S. II. p. 196.

Gryphites, origine de ce nom & description de ce genre de Fossile. P. II. S. I. p. 66. c'est peut-être une espèce d'Ostracite, parmi lesquelles l'on peut du moins les rapporter. *ibid.* p. 14. 66. 125. leurs caractères. p. 66. elles se divisent en deux genres, l'un est fillonné, l'autre ne l'est point. *ibid.* de ces dernières il y a trois espèces. p. 66. 67. les premières se trouvent aux environs de Gera. p. 67. en quoi diffèrent ces deux genres de Gryphites l'un de l'autre. *ibid.* si l'on en connoit l'analogue marin? *ibid.* d'où il vient que ces Gryphites ont conservé la plûpart leur test. *ibid.* SHREIBER les regarda comme des jeux de la nature. P. I. p. 97. Auteurs qui en ont traité. P. II. S. I. p. 125. l'on en trouve à Gera *ibid.* p. 66. 127. aux environs de Ratisbone. p. 127. à Wielicska en Pologne. p. 67. à Neuhofen près de Neustadt sur l'Orla. *Suppl.* p. 198. des copies se voient P. II. Pl. B. 1. d. fig. 5. 6. Pl. D. III. fig. 1. Pl. III. D. 2. fig. 1. 2. Pl. D. III. b. fig. 1—4. Pl. D. III. c. *Suppl.* Pl. X. fig. 7.

GUETTARD, Mr. est de tous les Naturalistes celui qui a donné la meilleure description des différentes sortes d'alcyons. P. II. S. II. p. 31. notice de son nouveau Système des Coraux &c. *Suppl.* p. 152. 153.

Guison, rangeoit les Coraux parmi les Minéraux. P. II. S. II. p. 2.

Gypse, le, ne renferme point de corps pétrifiés. P. I. p. 20.

Gypseux, Bois, ou converti en Gypse, P. III. p. 16. nature & caractères de ce Bois. *ibid.*

Gypseux, Spath, nature & origine de cette forte de Spath. P. I. p. 11. P. II. S. I. p. 65.

Gypsum coralloides. P. II. S. II. p. 13.

H.

Hache, coups de, l'on trouve des Bois pétrifiés auxquels on découvre les traces des coups qu'ils ont reçus avant leur pétrification. P. III. p. 19.

Hache, Manches de, pétrifiés. P. III. p. 18.

Haeretulae de LUID, espèce d'Ostracite. P. II. S. I. p. 115.

Hanches, Os des, pétrifiés. P. II. S. II. p. 143.

Harengus, Hareng, Poiffon, pétrifié. P. II. S. II. p. 167.

Harpe, la, ou *Musique*, Coquille, approche beaucoup des Buccinites & des Cassidites, quoiqu'elle diffère tant des unes que des autres. P. II. S. I. p. 56. de sorte qu'elle fait un genre mitoien entre ces deux; parmi les Fossiles cette Coquille est extrêmement rare, *ibid.* p. 97. on la trouve dans le Piémont, *ibid.*

Hélicites, origine de ce nom. P. II. S. I. p. 51. ce que c'est, p. 14. 51. c'est Mr. GESNER qui a introduit cette dénomination. p. 55. elles n'ont point de siphon, mais une embouchure dont on doit la découverte à Mr. GESNER, p. 51. leurs espèces différentes se distinguent d'après leur grandeur & leur structure interne. p. 51. l'on en connoit l'analogue marin *ibid.* on les trouve tant isolées que renfermées dans des matrices *ibid.* si PLINE en parle sous le nom de *Daphnia*? l'on en a débité beaucoup de fables. p. 51. sentimens différens au sujet de ce Fossile. p. 54. 55. c'est un genre de Coquilles subordonné à celui des Ammonites, P. II. S. I. p. 35. ces Hélicites ne sont donc point des feuilles de Saule, P. III. p. 69. Mr. GUETTARD les range sans raison parmi les Coraux, *Suppl.* p. 154. on les trouve, en Suisse & en particulier sur l'Aubrig & le Mont-Pilat. P. II. S. I. p. 51. 55. dans le Canton de Bâle, aux environs des Bains de Pfeffers, en France. aux environs de Paris, à Chaumont, à Soissons en Italie, à Vérone, à Bologne, dans la Stirie, la Hongrie, la Transylvanie, à Brugg sur la Leutha, dans la Lapponie, dans l'Isle de Gothland, p. 53. dans le Duché de Mecklenbourg. p. 55. des copies se voient, P. II. Pl. A, VII. Pl. L. fig. 4.

Heliolithi arborescentes, *Mr. GUETTARD* désigne par ce nom les Madrepores arborescentes. *Suppl.* p. 146.

Heliolithus, nom employé par *Mr. GUETTARD* pour désigner les Madréporites & les Astroites. *Suppl.* p. 156. comment il les classifie? *ibid.*

Helmintholites, ne sont souvent que de simples noyaux, P. I. p. 64. origine de ce nom. P. I. p. 144. leur Classification, *ibid.* l'on doit avoir soin de distinguer les véritables d'avec les fausses, *ibid.* s'il y a véritablement des Vers convertis en pierre? *ibid.* l'on ne sauroit en déterminer avec certitude les originaux, *ibid.* l'on a trouvé des Vers de terre, p. 147. 148. Helmintholites de Maltreche, & Larves d'Insectes, p. 148. ce sont des Fossiles à la vérité très rares, & souvent fort sujets à caution. *ibid.* des

fausses Helmintholites il est parlé fort au long, p. 149. 150. où l'on indique en même tems les endroits qui en fournissent.

Hemerobius, v. *Mouche puante*.

Heptactis, espèce d'Etoile de Mer. P. II. S. II. p. 259.

Herbe, de l', pétrifiée, s'est trouvée au Joachimsthal dans la Bohême. P. III. p. 66. & dans les Sevennes, *ibid.*

Herniaria, Plante, pétrifiée. P. III. p. 50.

HERODOTE fait mention de Coquilles pétrifiées. P. I. p. 80.

Hêtre, *Bois de*, v. *Fauteau*.

Hexactis, espèce d'Etoile de Mer. P. II. S. II. p. 259.

Hexagonon carbonarium, espèce de Cérate, P. I. p. 110. P. III. p. 78.

Hippopotame, Ostéolithes de cet Animal. P. II. S. II. p. 151. 152.

Hippuris saxea. P. II. S. II. p. 9.

Hippuritae articulati. P. II. S. II. p. 24.

Hippuritae corallini impliciti. P. II. S. II. p. 24.

Hippuritae fasciati. P. II. S. II. p. 24.

Hippuritae partibus crateriformibus. P. II. S. II. p. 24.

Hippurites, leur description, & l'usage que les Auteurs font de ce nom, P. II. S. II. p. 24. on les divise en simples & composés, *ibid.* l'on indique les meilleurs Auteurs qui en ont traité. p. 24. 25. on les trouve dans l'Isle de Gothland. p. 24. 58. des copies se voient, P. II. Pl. F. X.

Hippurites explicitus, sa description, P. II. S. II. p. 24. sa copie, P. II. Pl. F. X. Fig. 1. 2. 3.

Hirundo, Poisson volant, pétrifié. P. II. S. II. p. 167.

Histrices, *IMPERATI* désigne de ce nom certaines sortes d'Echinites. P. II. S. I. p. 137.

HOFER, *Mr.* son idée touchant les Polypes qui habitent les Encrinites, P. II. S. II. p. 102. leur formation, & celle des Trochites. *ibid.*

HOFMANN, *Mr.*, Tortue fossile de son Cabinet, P. II. S. II. p. 169.

HOLLMANN, *Mr.* son Système cosmologique. P. I. p. 77.

Homaloceratitae. *Suppl.* p. 138.

Homaloceratite, *Mr.* le Baron de HUPSCH désigne de ce nom les Orthocératites à cloisons fondues, *Suppl.* p. 201.

Homme, v. *Anthropolithe*.

Hom-

Homme, Dents d', v. *Anthropolithe*, & l'Art *Dens*.

— *Os d'*, pétrifiés, il n'est pas impossible que l'on en trouve, quoiqu'il nous manque encore des témoignages publics & authentiques qui nous en confirment la découverte. P. II. S. II. p. 141. v. *Anthropolithes*.

— *Têtes d'*, pétrifiées. P. II. S. II. p. 141.

— *Cœur d'*, Coquille en forme de Cœur humain, elle diffère de la Conque de Vénus. P. II. S. I. p. 64. description de cette Coquille singulière, & en particulier de la manière dont elle s'ouvre. *ibid.* on la trouve à Bruck sur la Leucha en Autriche. *ibid.*

Hongrie, Bois de, v. *Bois fossile*.

HOOK (ROBERT) son Système cosmologique. P. I. p. 73.

Huitres fossiles, v. *Ostracites*.

Hysterapetra, *CARDAN* appelle de ce nom les Hystérolithes. P. II. S. I. p. 77.

Hystérolithes, ce que c'est. P. II. S. I. p. 14. Origine de ce nom. p. 77. les différens autres noms qu'on leur donne. *ibid.* elles ont été confondues souvent avec les Bucardites. *ibid.* ce sont des noyaux de certaines Coquilles qui se rapportent parmi les Anomies. *ibid.* Il y a des Auteurs qui nous parlent d'Hystérolithes ailées. *ibid.* celles qui sont d'une couleur brune noirâtre, sont chargées de particules ferrugineuses que l'aimant attire. *ibid.* si l'on connoît la Coquille à laquelle l'Hystérolithe doit son origine? p. 78. si c'est l'*Ostreopectinites quadratam affectans figuram* de Mr. *WALLERIUS*? *ibid.* il y a proprement deux sortes d'Hystérolithes. *ibid.* d'où il vient qu'elles sont dépouillées de leur Coquille? *ibid.* description que PLINE et AGRICOLA nous en donnent. *ibid.* WORMIUS fut le premier qui décrit celles du Pais de Hesse. p. 79. d'où il vient que celles de ce Pais sont aujourd'hui si rares? *ibid.* LANGE leur donna le nom d'*Vvites*. *ibid.* & KUNDMANN ne crût pas même que c'étoient des corps pétrifiés. p. 79. c'est le Pais de Hesse qui les fournit, surtout la basse Hesse. p. 78. 80. 81. des copies se voient. P. II. Pl. B. III. a, Pl. b. IV. fig. 5, 6. Pl. B. VI. fig. 4.

I.

Iacea, Plante, pétrifiée. P. III. p. 59.

Iacea nigra, l'on doit en avoir trouvé la fleur convertie en pierre. P. III. p. 70.

Iacques, Coquille de St., v. *Manteaux*.

Iacida lapidea de WALLERIUS, ce que c'est. P. II. S. II. p. 114. ce Fossile est décrit avec beaucoup d'exactitude. *Suppl.* p. 169. si ce sont des noyaux d'Orthocératites? ce que l'on nie. *ibid.* on les trouve entr'autres à Neustadt. *ibid.* des copies se voient. *Suppl.* Pl. X. fig. 2, 3, 4.

Iaspe, sa formation? P. I. p. 11. comment il se distingue de la Pierre de corne. *ibid.* l'on en voit d'arborisé, mais il est rare. p. 163. d'où il vient qu'il ne renferme point de corps pétrifié. P. II. S. I. p. 9. v. *Iaspe, Pétrifications en*.

Iaspe, Bois converti en, comment s'opère ce changement. P. III. p. 17. varie beaucoup par rapport à sa dureté & au poli qu'il prend. *ibid.* les Bois qui sont durs par leur nature, sont plus fréquens parmi ceux qui prennent la nature du Iaspe, que d'autres qui sont d'un tissu plus tendre. *ibid.*

Iaspe, avec des empreintes de Plantes. P. III. p. 45. des Plantes proprement dites & des Fouilles ne sauroient s'y rencontrer, mais bien des Mousses & des Chalumeaux. *ibid.*

Iaspe, Pétrifications en, P. I. p. 10. & suiv. leur origine est la même que celle des Pétrifications en Pierre de Corne. p. 11. ce n'est que parmi les Bois que l'on trouve de converti en Iaspe. *ibid.* comment peut-il arriver qu'un corps prenne la nature d'une Pierre de corne qui ne sauroit prendre celle d'un Iaspe? p. 13.

Ichneumons, Mouches, l'on prétend en avoir trouvé de pétrifiées. P. I. p. 146.

Ichthyolithes, nom qui désigne les Pierres qui renferment des Squelettes de Poissons. P. II. S. II. p. 154. Observations générales sur ces Pierres. P. I. p. 138. 139. on les considère d'après les différens genres de Poissons auxquels ils appartiennent. P. II. S. II. p. 161. d'où il vient que ce genre ne se laisse pas toujours déterminer? p. 163. P. I. p. 139. l'on a des Os de Baleine, de Raie, du Marteau ou Zygène, du Narwal, de la Lamie, du Carcharias. P. II. S. II. p. 163. 164. à considérer les places que ces Os ont occupées dans les squelettes des Animaux dont ils ont fait partie, l'on a des Opercules des Ouies, des Palais, des Mâchoires, des Dents, des Os de Têtes, des Vertèbres, &c. p. 164. 165. des Squelettes entiers de Poissons d'un moindre volume. p. 166. qui sont souvent très bien conservés. *ibid.* quelle en est la cause, & d'où il vient, que souvent il ne s'est conservé que la char-

charpente offeufe ? *ibid.* parmi les Poiffons pétrifiés l'on trouve généralement plus de petits que de grands, P. I. p. 139. comment il peùt arriver qu'un Schifte offre la figure d'un Poiffon en relief, quoiqu'il n'en renferme aucun refte. *Suppl.* p. 132. & P. I. p. 10. les Ichthyolithes ne font la plûpart que des noyaux. P. I. p. 64. 138. qu'ils fe trouvent la plûpart courbés ne doit pas être attribué à une mort violente. *ibid.* des différens genres de Poiffons que l'on a trouvé pétrifiés, P. II. S. II. p. 167. des Ichthyolithes cuivreufes. P. I. p. 43. d'où il vient que les Poiffons pétrifiés font moins frequens, que les Dents de Poiffon foffiles, P. II. S. II. p. 197. Notice des Auteurs qui en ont traité. p. 168. des Païs & des endroits où l'on en trouve: l'Angleterre, p. 165. Pappenheim, Solenhofen, Eichftedt, Eislebe, Illmenau, le Païs de Heffe, Mannsfeld, Rotenbourg, Hettftaedt, Chaumont en France, Glaris, les environs de Berne, Oeningue, Kent, l'Isle de Scheppey, Vérone en Italie. p. 177. des copies fe voient, P. I Pl. XVII—XXXII. Pl. XXII. fig. 1. Pl. XXXIV. Pl. XXXIV. 2. fig. 3.

Ichthyolithi Dentium, (Dents de Poiffon foffiles) origine de cette dénommation. P. II. S. II. p. 185.

Ichthyofpondyli, l'on appelle de ce nom les Vertèbres pétrifiées, tant humaines que de Poiffons. P. II. S. II. p. 142. v. *Vertèbres*.

Ichthyotrophites, efpèce de Dendrite. P. I. p. 100. 106.

Idaeus dactylus, nom que l'on a donné à une certaine forte de Bélemnites, P. II. S. II. p. 212. 235.

Ieux de la Nature, les Pétrifications n'en font point. P. I. p. 35. preuves de cette vérité. p. 35. 66. le Comte CIANTAR fût le dernier qui crût aux Ieux de la Nature. P. II. S. II. p. 105. outre lequel cependant il y en eût encore quelques uns dans ce Siécle qui en fuppoferent. P. I. p. 96. 97. en particulier BERINGER & SCHREIBER. p. 97.

If, Baies d', de LANGE, fauffe Pétrification P. III. p. 90.

Illmenau, Rognons d', notice de ce Foffile. P. III. p. 65.

IMPERATI, n'alla pas plus loin dans la recherche des Pierres, que les Naturaliftes qui l'avoient précédé. P. II. S. I. p. 53. il fût le premier qui affigna aux Echinites la place qui leur convenoit. p. 148. il

donna à certaines fortes de Coraux le nom de Madrépores. P. II. S. II. p. 9.

Imprégnation, ce que l'on entend par ce mot, lorsqu'on parle de Foffiles? P. I. p. 1. P. II. S. I. p. 7. 8. combien l'imprégnation contribue au changement d'un corps en pierre, par le moien de l'eau & de la chaleur, P. I. p. 2. 3. comment un corps doit être difpofé, pour être fufceptible d'imprégnation. p. 3. dans les Pierres qui font formées par congélation, elle rencontre de grands obftacles. p. 13. les corps en font altérés en différentes manières, fuivant la nature de leur imprégnation. p. 14. comment elle s'opère dans les Bois, lorsqu'ils viennent à être convertis en pierre. P. III. p. 19.

Incruftation, comment elle fe fait, P. II. S. I. p. 11.

Incruftés, Bois, v. *Bois*.

Incruftées, Coquilles, v. *Coquilles*.

Incruftés, Corps, ce que c'eft. P. I. p. 1. 50. 51. comment s'opère l'incruftation. p. 51. l'on doit fe garder de confondre les corps incruftés, avec les empreintes qui fe rencontrent dans les Tufs, ou avec les corps qui s'y trouvent renfermés. *ibid.* l'on diftingue les corps incruftés, d'après les endroits où leur incruftation s'eft faite, d'après la nature des particules qui la conftituent, leur confiftance, & leur couleur. p. 51. ce qu'il y a à remarquer en particulier par rapport au Tuf marin, & comment les corps en font incruftés. *ibid.* temoignage de Mr. DONATI fur ce fujet. *ibid.* ces corps incruftés d'un tuf marin peuvent être convertis en pierre. p. 52. des corps incruftés dans l'eau douce. *ibid.* les parties conftitutives de ces incruftations font de différente nature, calcaires, gypfeufes, arénacées, marneufes, quelquefois ferrugineufes. p. 53. elles diffèrent auffi par leur couleur. *ibid.* différentes fortes de ces Corps incruftés. *ibid.*

Incruftées, Feuilles. v. *Feuilles*.

Incruftées, Mouffes. v. *Mouffes*.

Incruftées, Plantes. v. *Plantes*.

Ιχθυς κάλαμος αιγυπτιακος, ce ne fût point de Roleau converti en pierre, mais une Madrépore. P. III. p. 72.

Innominés, Os, v. *Os*.

Inondations, fi les Pétrifications doivent leur naiffance à des Inondations particulières. P. I. p. 63. 75.

Infecta vaginipennia de BROMEL font des Trilobites. P. II. S. I. p. 31. P. III. p. 125.

Infec-

Insectes pétrifiés. v. *Entomolithes.*

Insectes diptères, l'on prétend en avoir de pétrifiés. P. I. p. 146.

Insectes, Larves d', pétrifiées. P. I. p. 148.

Insectes, Oeufs d', pétrifiés. P. I. p. 147.

Iones. v. *Roseaux.*

Isis Hippuris. P. II. S. II. p. 9.

Isis nobilis. P. II. S. II. p. 8. est souvent prise pour la tige d'une espèce de Kératophyte. p. 31.

Iudaïques, Pierres, ce que c'est, & d'où il leur vient ce nom? P. II. S. I. p. 143. leur division, p. 143. 144. pourquoi dans les anciens tems on les rangea avec les Trochites, les Entroques, & les Astéries, P. II. S. II. p. 111. elles sont toujours d'une substance spathique. P. I. p. 15. & diffèrent ainsi de leur matrice. p. 20. celles que Mr. de BUFFON prétend avoir vûes dans le Porphyre, n'en sont point, p. 21. les pyriteuses sont extrêmement rares. p. 44. on les trouve, en Suisse, en Silésie, en Franconie, en Angleterre, dans les Sevennes, P. II. S. I. p. 159. en Syrie, dans la Palestine, sur le Mont - Carmel. p. 143. des copies se voient. P. II. Pl. E. VI.

Iuli, v. *Châtons.*

Iuncorum varia genera, pétrifiés. P. III. p. 50.

Iuncus lapideus. P. II. S. II. p. 11.

Iuncus lapideus de THEOPHRASTE, ce que c'étoit. P. III. p. 95. de PLINE. p. 96.

Iupiter, Ammon v. *Ammon.*

IUSTI, Mr. de, veut qu'un tronc d'arbre d'une grosseur considérable soit au moins 100000. ans à se pétrifier. P. I. p. 5. son Système cosmologique. p. 79.

K.

Κάλαμος ἰδίως ἀποκεκαυμένος de THEOPHRASTE. P. III. p. 96.

Kemas, nom que les habitans d'Amboïne donnent aux Camites. P. II. S. I. p. 58.

KENNTMANN, son savoir en fait de Lithologie n'alla pas plus loin que celui d'Agricola. P. II. S. II. p. 111. il désigna les Cornes d'Ammon du nom de *Scheerhoerner.* P. II. S. I. p. 15. comment il les divise. *ibid.* parmi les Astroïtes il distingua des mâles & des femelles.

Kératophytes, ce que c'est. P. II. S. II. p. 1. 30. ce sont des Zoophytes. p. 4. parmi les fossiles ils ne sont pas trop frequens. p. 30. l'on peut les distribuer en deux Classes. v. *Kératophytes en forme de ré-*zeau. *Kératophytes rameuses.* Notice d'une nouvelle sorte de Kératophyte déterrée dans les carrières de Plauen. P. II. S. II. p. 56. on les trouve d'ailleurs, en Italie, P. II. S. II. p. 55. à Mastricht. *Suppl.* p. 164. à Neufchâtel. P. II. S. II. p. 31. à Plauen. p. 56. à Wielicska & à Bochnie en Pologne. p. 31. des copies se voient, P. II. Pl. F. VII. a. * fig. 3. Pl. F. VII. b.* *Suppl.* Pl. VI. f. fig. 1.

Kératophytes noüeux, P. II. S. II. p. 31.

Kératophytes rameux, ou branchûs, les différentes espèces, P. II. S. II. p. 31.

Kératophytes réticulés, ce que c'est, P. II. S. II. p. 30. les différentes sortes que l'on en trouve parmi les Fossiles. p. 31. elles sont fort rares. *ibid.*

Kératophyte entortillé en forme de bruyère ou de buisson. P. II. S. II. p. 32.

Keratophyton fruticosum. P. II. S. II. p. 31.

Keratophyton ramosissimum forma ericae. P. II. S. II. p. 32.

Kisslaus, Arbres pétrifiés de P. III. p. 3.

KIRCHNER, supposoit une *Vis - plastica*, quoiqu'il la désignat par d'autres noms. P. I. p. 88. P. II. S. I. p. 15. ses idées singulières sur les Os fossiles. P. II. S. II. p. 180.

— — *Antropolithe de*, v. *Antropolithe.*

Κήρυκες d'ARISTOTE, si c'étoient des Buccins? P. II. S. I. p. 95.

KLEIN Mr., ses recherches sur les Orthocératites. P. II. S. I. p. 47—50. il avoit un style un peu sec & obscur. p. 151.

KOENIG, (*Emanuel*) ses erreurs au sujet des corps pétrifiés. P. II. S. I. p. 25. il se connoissoit fort peu en fait de Pétrifications & soutenoit encore les prétendus Jeux de la Nature. P. II. S. II. p. 104.

KRUGER, (*Jean Gottlob*) son Système cosmologique. P. I. p. 77.

KUNDMANN, d'après ce Naturaliste les Hystérolithes ne seroient point des corps pétrifiés. P. II. S. I. p 79.

Κηρύκιον, nom par lequel les Grecs désignoient les Coraux. P. II. S. II. p. 1.

Kymatite. P. II. S. II. p. 25.

L.

Lacs, le Dessechement des Lacs, & des Etangs, est une des causes auxquelles les Pétrifications doivent leur origine P. I. p. 75.

Lagana, espèce d'Echinite. P. II. S. I. p. 136. dessinée. P. II. Pl. E. II. fig. 8.

Lamia, Lamie, dents fossiles de ce Poisson. P. II. S. II. p. 164. 195.

Lamiodontes, Dents de Lamie. P. II. S. II. p. 185. origine de ce nom. p. 188.

LANGE, Naturaliste, ne voulût point convenir que nos Pétrifications fussent des corps convertis en pierre, P. II. S. I. p. 150. il fût un des derniers qui soutinrent encore les Jeux de la Nature. p. 30. & donna les Ammonites pour des vertèbres de certaines sortes de Serpens ou des Vers marins contournés ou des Insectes, p. 36.

Langue de Serpent. v. Serpent.

— — d'Oiseau, v. Oiseaux.

Langurius, un des noms que les anciens donnoient à la Bélemnite. P. II. S. II. p. 211.

Lapides attriti succum emittentes, ce que l'on entendoit par cette phrase du tems d'AGRICOLA. P. II. S. II. p. 131.

Lapides calciformes, nom que l'on donnoit aux Trochites. P. II. S. II. p. 65.

Lapides chelidonii, de ce nom l'on désignoit certaines sortes de Dents de poisson & d'autres choses. P. II. S. II. p. 191.

Lapides cumini, d'où il vient que les Hélicites furent désignées de ce nom. P. II. S. I. p. 51.

Lapides cylindrici articulati, phrase qui dénote les Entroques. P. II. S. II. p. 70.

Lapides erucaeformes, P. II. S. II. p. 14.

Lapides forma rotae, les Trochites. P. II. S. II. p. 65.

Lapides insectiferi de BROMEL ne renfermoient point d'Insectes. P. I. p. 149.

Lapides judaici. v. Judaïques.

Lapides judaici balanoidae. P. II. S. I. p. 144.

Lapides judaici cylindroidae. Ibid.

Lapides judaici filicum forma, phrase par laquelle IMPERATI désignoit les Astéries, parcequ'il les regardoit comme des Pierres judaïques. P. II. S. II. p. 77.

Lapides frumentarii, d'où il vint que les Hélicites furent désignées de ce nom ? P. II. S. I. p. 51. 52. 54.

Lapides lunares suecanici. Suppl. p. 196.

Lapides nummularii, ce sont les Hélicites. P. II. S. I. p. 51. 52.

Lapides Ossei de PLINE, si c'étoient des Os, ou bien des Encrinites? P. II. S. II. p. 100. 178. 179.

Lapides palmati de PLINE, sont les Entroques & les Astéries en colonne, P. II. S. II. p. 111.

Lapides pentagoni, l'on entend par-là les Astéries. P. II. S. II. p. 77. non pas les Encrinites. p. 85.

Lapides rotulares, les Trochites. P. II. S. II. p. 65.

Lapides scyphoidae, Scyphoïdes. P. II. S. II. p. 104.

Lapides seminales, les Hélicites. P. II. S. I. p. 51.

Lapides solares, espèces de Trochites. P. II. S. II. p. 66. WOLTERSDORF donne ce nom aux Entroques de Gothlande. p. 118.

Lapides stellares, l'on appelle ainsi les Astérites. P. II. S. II. p. 17. & les Astéries, p. 77.

Lapides stellares angulis acutis. P. II. S. II. p. 78.

Lapides syriaci, les Pierres judaïques. P. II. S. I. p. 143.

Lapides vermiculares, un des noms que l'on a donnés aux Hélicites. P. II. S. I. p. 51.

Lapis asellorum, l'on veut que cette Pierre tire son origine du Asellus, ou Asellus, P. II. S. II. p. 167.

Lapis belemnitae pusillis figurae conicae. P. II. S. II. p. 216.

Lapis circularis, Hélicite. P. II. S. I. p. 54.

Lapis Hystericus, Hystérolithe. P. II. S. I. p. 77.

Lapis insectiferus, de BROMEL, espèce de Trilobite. P. III. p. 104.

Lapis lyncis, un des noms de la Bélemnite. P. II. S. II. p. 211.

Lapis natura sculptas figuris frumenti seminumque leguminum, phrase par laquelle IMPERATI désigne l'Hélicite. P. II. S. I. p. 53.

Lapis numismalis, Hélicite. P. II. S. I. p. 54.

Lapis pentagonus, Base d'Encrinite. P. II. S. II. p. 85.

Lapis phrygius, un des noms dont les Anciens doivent avoir appelé la Bélemnite. P. II. S. II. p. 212.

Lapis scolecius, P. II. S. II. p. 252.

Lapis Sphingis, Mr. KLEIN désigne de ce nom l'Orthocératite à cloisons sinueuses. Suppl. p. 201.

Laricites, Bois de Mélèse pétrifié. P. III. p. 15.

Larves d'Insectes, l'on prétend en avoir de pétrifiées. P. I. p. 146.

Laserpitium RUPPII, une feuille de cette Plante a été déterrée en Angleterre. P. III. p. 104.

Latrunculi de LUID, espèce de vertèbres. P. II. S. II. p. 165.

Lau-

Lithostea, Os pétrifiés ou fossiles. P. II. S. II. p. 134.

Lithoxylon, Bois pétrifié ou fossile P. III. p. 2. LUID fût le premier qui se servit de ce mot p. 36. *Lithoxylon Abietis*, Bois de Sapin. P. III. p. 13. *Alni*, d'Aûne, p. 14. *Aloës*, d'Aloës. p. 7. *Buxi*, de Buis. p. 15. *Coryli*, de Coudrier. p. 15. *Ebeni*, d'Ebène. p. 8. *Fagi*, de Hêtre. p. 13. *Iuniperi*, de Genèvrier. p. 15. *Laricis*, de Mélèse. p. 15. *Mori*, de Mûrier. p. 15. *Pini*, de Pin. p. 14. *Populi*, de Peuplier. p. 15. *Quercus*, de Chêne. p. 14. *Tiliae*, de Tilleul. p. 14. *Vitis*, de Sarment. p. 15. *Santali*, de Santal. p. 7. v. *Bois*.

Lithoxylum calcareum, P. III. p. 16.

Lithoxylum textile sive reticulatum capillare. P. III. p. 9.

Lithoxylum multiforum, l'on a désigné de ce nom du Bois vermoulu pétrifié. P. III. p. 19.

Littorales, quelles sont les Productions de la Mer auxquelles on donne ce nom. P. I. p. 28.

Lituites, ce que c'est. P. II. S. I. p. 15. 32. 47. *Suppl.* p. 134. d'où vient cette dénomination P. II. S. I. p. 47. leur structure, tant interne qu'externe, décrite avec soin. *Suppl.* p. 134. s'il y en a à cloisons sinueuses? p. 135. 136. de leur partie contournée, p. 135. l'on doit les ranger avec les Ammonites. P. II. S. I. p. 32. comment l'on peut les distinguer de ces dernières, quand même la partie droite y manque totalement? *Suppl.* p. 135. 136. de leur Siphon, & des différentes espèces de Lituites. *ibid.* leurs cloisons examinées en particulier. p. 136. parmi les originaux ou analogues marins des Lituites l'on compte le Cornet de Postillon ou Corne d'Ammon de RUMPHIUS, & les Tuyaux en forme de Crosse des Côtes de Livourne. p. 136. 137. états différens qu'elles ont subis pendant leur séjour parmi les Fossiles. p. 137. Lituite de Mr. BREYN décrite. p. 139. Auteurs qui ont traité des Lituites. p. 137. une Lituite dentelée décrite avec beaucoup d'exactitude. p. 138. l'on en trouve, en Oelande & en Guthlande. *Suppl.* p. 137. 139. en Normandie, dans le Pais de Mecklenbourg. p. 137. 140. à Neustrelitz. p. 142. à Stargard dans le Duché de Mecklenbourg. p. 141. 142. des copies se voient, *Suppl.* Pl. IV. Pl. IV. a Pl. IV. b. Pl. IV. c. fig. 1. 3. 4. Pl. IV. d. fig. 1. 2. 3. Pl. IX. b. fig. 7. Pl. IX. c. fig. 7.

Lituites, *fausses*, destituées de cloisons, *Suppl.* p. 173. l'on en trouve à Neubrandenbourg. p. 187.

Lituitae spurii. v. *l'Art. précéd.*

Loculariae de LUID, des Machoires dépouillées de leurs dents. P. II. S. II. p. 153.

Locustae, espèce d'Ecrevisse. P. I. p. 123.

Locustae marinae, les Ecrevisses fossiles de cette sorte, ne sont la plûpart que des noyaux, P. I. p. 65. qui sont même assés frequents, p. 128. les Originaux en sont connûs quant au genre, seulement l'on n'en connoit pas toutes les espèces, *ibid.* des copies se voient, P. I. Pl. XIII. 2. fig. 4. Pl. XV. fig. 4.

Lonchitis folio polypodii. P. III. p. 103.

Lucernaria de LUID, c'étoient probablement des pièces en forme d'écusson qui avoient fait partie de l'écaille d'une Tortué, P. II. S. II. p. 169.

Luciodontes, Dents de Brochet fossiles, P. II. S. II. p. 197.

Lucius, v. *Brochet.*

Ludovisi, Anthropolithe de. P. II. S. II. p. 140.

LUID, Naturaliste, auquel la Lithologie doit beaucoup. P. II. S. I. p. 25. il fût le premier qui repandit du jour sur la partie qui regarde les Coraux. P. II. S. II. p. 42. la partie ostéologique ne lui doit pas moins, quoique ce qu'il nous donna sur ce sujet, ne soit pas exemt de défaut. p. 182. & ce que l'on taxe surtout, & avec raison, c'est qu'il a donné à ses Ostéolithes des noms inintelligibles, p. 154.

Lumachelle, Marbres qui renferment des Coquilles. P. I. p. 40.

Lumbrici. v. *Vers de Terre.*

Lupus, Poisson, l'on en trouve les dents parmi les fossiles. P. II. S. II. p. 196.

Lycodontes, espèce de Dents fossiles. P. II. S. II. p. 190. 196.

Lycoperdites, ce que c'est. P. II. S. II. p. 11. v. *Champignons.*

Lyncurius, nom que l'on donnoit anciennement à la Bélemnite. P. II. S. II. p. 211. si la Pierre précieuse à laquelle les Anciens donnoient le nom de *Lyncurius*, étoit la Bélemnite? p. 111. 234.

Lynx, Loup-cervier, si le Lyncurius des Anciens peût avoir été engendré de l'urine de cet Animal, & si c'est la Bélemnite? P. II. S. II. p. 234.

Lynx Pierre de, Bélemnite. P. II. S. II. p. 111.

Machoi-

M.

Machoires pétrifiées, P. II. S. II. p. 153. l'on en trouve dans les Grottes de BAU-MANN & de Scharzfeld. ibid.

Machoires humaines. P. II. S. II. p. 142.

—— —— de Poisson. P. II. S. II. p. 164. 197. Suppl. p. 128.

Machoire, ou Dent machélière, d'une espèce singulière. P. II. S. II. p. 158.

Macquereau, v. Scomber.

Macrouri. v. Ecrevisses.

Madrepora abrotanoides. P. II. S. II. p. 11. 14.

Madrepora agaricites, ibid. p. 16.

Madreporae aggregatae, ibid. p. 9.

Madreporae aggregatae cylindris simplicibus. &c. ibid. p. 144.

Madreporae aggregatae labyrinthiformes, ibid. p. 15.

Madrepora ananas. ibid. p. 10.

Madrepora arborea. ibid. p. 10.

Madrepora arborescens. P. II. S. II. p. 10.

Madrepora astroites, Suppl. p. 170.

Madrepora caryophyllites. P. II. S. II. p. 18.

Madreporae compositae. ibid. p. 9. 10.

Madrepora composita ex tubis cylindricis &c. ibid. p. 18.

Madrepora composita ex tubis distinctis &c. ibid. p. 14.

Madrepora dichotoma. ibid. p. 143.

Madrepora fascicularis. ibid. p. 18.

Madrepora flexuosa. ibid. p. 11. 18.

Madrepora fungites. ibid. p. 13. Suppl. p. 156.

Madrepora maeandrites. P. II. S. II. p. 15.

Madrepora muricata. ibid. p. 11.

Madrepora oculata. ibid. p. 10.

Madrepora porites. ibid. p. 11.

Madrepora pumila. ibid. p. 13.

Madrepora punctata. ibid. p. 11.

Madrepora ramea. ibid. p. 10.

Madrepora ramosa. ibid. p. 10.

Madrepora simplex. ibid. p. 9.

Madrepora simplex circularis basi plana. ibid. p. 13.

Madrepora simplex cylindrica. ibid. p. 15.

Madrepora simplex ramosa, ramis teretibus, ibid. p. 10.

Madrepora simplex turbinata. ibid. p. 14.

Madrepora tubularis. ibid. p. 11.

Madrepora turbinata striata stella terminali triplici concava, lamellis integris. P. II. S. II. p. 243.

Madréporites, ce que c'est. P. II. S. II. p. 9. IMPERATI fût le premier qui introduisit ce nom. ibid. sens différens, qu'on lui attache, & les différens noms que l'on donne aux Madréporites. p. 9. 10. Mr. GUETTARD les désigne de celui de Milléporites. Suppl. p. 155. & d'Héliolithe. p. 156. leurs espèces différentes P. II. S. II. p. 10. 11. comment on les distingue des Coralliolithes lisses. p. 10. des Tubiporites. p. 14. des Astroites. p. 27. & des Alcyons. p. 33. l'on en trouve, dans la Bisse, à Hobel dans le Canton de Soleure, à Pfeffingen. P. II. S. II. p. 243. 245. aux environs de Bâle. p. 243. Dans le Pais de Cobourg. p. 59. à Giengen en Souabe. p. 10. dans l'Isle de Gothland. Suppl. p. 160. à Maastricht. p. 161. des copies se voient, P. II. Pl. E. XI. fig. 1. Pl. G. fig. 1. Pl. G. I.* fig. 1. Pl. I.** fig. 1. 2. 3. 4. Pl. I. 1. Suppl. Pl. VI. b. fig. 3.

Madréporites, Mr. GUETTARD appelle de ce nom le genre de Corallites qui porte d'ailleurs celui de Milléporites Suppl. p. 155. dont il rapporte un grand nombre. d'espèces différentes. ibid.

Madréporites, rameuses. décrites. P. II. S. II. p. 10. & dessinées. P. II. Pl. G. fig. 1.

Madréporites à branches contigues & serrées. P. II. S. II. p. 11.

Madréporites à branches striées. P. II. S. II. p. 10.

Madréporites trochiformis. P. II. S. II. p. 14.

Maeandrites. v. Alsandrites.

Main d'homme, pétrifiée. P. II. S. II p. 141.

MAJOR, son Traité sur les Plantes pétrifiées ne contient rien de fort intéressant. P. III. p. 98.

Mammelons des Oursins, P. II. S. I. p. 43. 137.

Mammillae St. Pauli. P. II. S. I. p. 136. 137.

Mammillares, espèce d'Echinites. P. II. S. I. p. 137.

Manches de Marteaux pétrifiés. P. III. p. 28.

Mandibula petrefacta v. Machoire.

Mandibula piscis, une sorte de Dents de poisson. P. II. S. II. p. 192.

Manteaux, Coquilles de St. Jacques, leur caractère générique. P. II. S. I. p. 56. c'est un genre fort nombreux, & les Coquilles qui s'y rapportent, varient extrémement par rapport à leurs oreilles ibid. elles se divisent en lisses & en striés. ibid. les Manteaux striés sont, ou plissés, ou en forme de peigne. v. Pectinites, ou garnis de cordelettes déliées, ou marqués d'end'entailleures fines. *ibid.* leurs valves font inégales. *ibid.* les originaux ou analogues marins en font connûs. p. 56. 57. quels font les plus rares? p. 57. d'où il vient qu'il est si rare d'en trouver qui ont leurs deux battans réunis, & que la valve supérieure est plus fréquente que celle de dessous. *ibid.* souvent l'on en voit qui ont perdu leurs oreilles, & dans ce cas l'on doit se garder de les confondre avec les Camites. *ibid.* comment on les distingue de ces dernières. p. 58. quant au degré de pétrification qu'ils ont pris, ces Manteaux, diffèrent beaucoup les uns des autres, de même qu'à l'égard de la rareté. p. 57. l'on en trouve aux environs de Tunis & de Tripoli. *ibid.* de Turin, dans l'Isle de Malte, en Hongrie, en Transsylvanie, en Pologne, à Wielitzka & Bochnia. p. 57. 64. 65. à Kemmendingen. p. 58. en Hongrie. p. 65. en Piemont. P. II. S. II. p. 165. 166. à Thionville. p. 166. dans le Duché de Luxembourg, à Gundershofen. *Suppl.* p. 151. l'on en voit des copies, P. II. Pl. B. Pl. B. 1. fig. 1. 2. 7—10. Pl. B. 1. c. fig. 1. 2. 3. 5. Pl. D. III. a fig. 3. Pl. K. 1. fig. 1. 8. 9, Pl. K. II. fig. 1. 2. 3. *Suppl.* Pl. V. c. fig. 5. 6.

Manteaux, lisses, ce que c'est. P. II. S. I. p. 13. ils sont fort rares. p. 57.

Marbres, qui renferment des Plantes & des Feuilles. P. III. p. 55. s'il y en a de véritables ou non? les uns l'affirment, les autres le contestent, & l'Auteur se range du côté des derniers. *ibid.* quelle en est la raison. *ibid.*

Marne, elle sert quelquefois de matrice à des corps pétrifiés, P. I. p. 16. l'on voit des Marnes durcies qui portent des Dendrites. p. 103.

MARSIGLI, le Comte de, s'est donné une peine extrême d'éclaircir l'Histoire naturelle des Coraux. P. II. S. II. p. 43. il croioit avoir découvert des Fleurs dans plusieurs sortes de Coraux. p. 3.

Marteau, Zygène, Poisson, parties que l'on en a découvertes parmi les fossiles, P. II. S. II. p. 163. 164. l'on en a des Dents. p. 195.

Mastricht, Coralliolithes de, Suppl. p. 160. l'on en voit d'un tissu extrêmement délicat. *ibid.* leur matrice est une pierre calcaire fine. *ibid.* les amas que l'on en trouve, ne sauroient s'être formés dans une eau tranquille ou dormante. *ibid.* on les divise en trois Classes, l'une contient les Coraux ou Polypiers convertis réellement en pierre, la seconde les noyaux,

& la troisième les empreintes de ces sortes de corps. *ibid.* les Milleporites & les Madréporites rameuses y sont rares, p. 161. ce qui s'y rencontre le plus souvent ce sont les Alcyons. *ibid* des fossiles semblables se trouvent à Mellerault dans la Normandie. p. 162. détail des espèces différentes de ces Coralliolithes. p. 162.

Mastricht Vermiculites de, P. I. p. 148.

Masures, pierres aux, origine de cette dénomination P. I. p. 116. l'on doit se garder de les confondre avec les Marbres-Dendrites de Florence. *ibid.* Notice des Auteurs qui en ont parlé. *ibid.* idées différentes sur l'origine de ces pierres, auxquelles l'auteur ajoute la sienne. P. 116. 117. des copies se voient, P. I. Pl. VIII.

Matrice, si les Plantes pétrifiées se laissent classifier d'après les matrices qui les renferment. P. III. p. 51.

Matrice, la, des corps pétrifiés, est ordinairement de la même nature que celle que ces corps ont prise. P. II. S. I. p. 8. quels sont les cas où cela n'a pas lieu? *ibid.* la solidité de la matrice influe beaucoup sur celle de la pierre en laquelle un corps est converti. P. I. p. 9. ces matrices varient presqu'à l'infini. p. 16. bien des corps pétrifiés se trouvent isolés & hors de matrice, remarques sur ce phénomène. *ibid* & p. 22. si ces corps doivent nécessairement avoir été couchés un jour dans quelque matrice? p. 16. 22. les Pétrifications ne se rencontrent pas indifféremment dans toute sorte de terres ou de pierres. p. 16. détail des différentes sortes de matrice des corps pétrifiés. p. 16. 17. ceux-ci, enchassés dans leur matrice, se trouvent tantôt dispersés, tantôt couchés dans des silons. p. 22. quel est le rapport de la nature qu'un corps converti en pierre a prise à celle de sa matrice? p. 22. 23. quelquefois un tel corps se trouve avoir pris une nature très différente de celle de sa matrice. *ibid.* noyaux de matrice, ce que c'est? p. 57.

Méandrites, ce que c'est P. II. S. II. p. 15. leurs espèces différentes. p. 50. 57. Mr. GUETTARD en établit cinq espèces. *Suppl.* p. 154. l'on en trouve a Pfeffingen, & dans le Languedoc. P. II. S. II. p. 57. des copies se voient. P. II. Pl. F. III. a fig. 3.

Méconites, ce sont la plûpart de fausses Pétrifications. P. III. p. 82.

Méduse, Têtes de, ce que c'est P. II. S. II. p. 260. des copies se voient, P. I. Pl. XI. Pl. XI. b. Pl. XI. fig. 2. 7. 9. *Suppl.* Pl. VII. a. fig. 14.

p. 71, 71. en Thuringe. p. 71. dans le païs de Brounſvic. p. 71. l'on en voit des copies. P. II. Pl. B. II. fig. 1. Pl. B. II. b.** fig. 4. 5.

Mouſſes naturelles, ſi elles ſauroient donner naiſſance à des Dendrites. P. I. p. 101. 109. P. III. p. 45. *Mouſſes incruſtées*, d'une beauté ſupérieure. P. II. S. I. p. 126. renfermées dans des Tufs ou des Stalactites. P. III. p. 54. eſpèces différentes que l'on en voit. P. I. p. 53. *converties en pierre*, l'Auteur ne croit pas qu'il en exiſte de véritables. P. III. p. 79. les Dendrites ne ſont point des empreintes de Mouſſes. *ibid.* les Mouſſes foſſiles les plus fréquentes ſont les incruſtées. *ibid.* l'on en voit de formes fort variées. *ibid.* des Mouſſes enfermées dans des Agates & des Jaſpes, P. III. p. 55. il faut ſe garder de les confondre avec les Dendragates. p. 45. l'on en voit dans les Agates de Rochlitz. *ibid.* des Mouſſes enfermées dans des Criſtaux & des Quarz. P. III. p. 56. les environs de Rochlitz, de Zuickau. p. 56. de Sondershauſen. p. 64. de Verone. p. 79. fourniſſent toute ſorte de ces Mouſſes foſſiles ; un échantillon d'une Mouſſe incruſtée d'une beauté ſupérieure ſe trouve repréſenté, P. II. Pl. D. III. a. fig. 6.

Mugil, Poiſſon, pétrifié. P. II. S. II. p. 167.

Multifora, l'on a déſigné de ce nom le Bois vermoulu converti en pierre, P. III. p. 29.

Mûnier, Poiſſon, pétrifié. P. II. S. II. p. 167.

Muraena, Poiſſon, pétrifié. P. II. S. II. p. 167.

Murices auriti, ce que c'eſt. P. II. S. I. p. 99.

Muricites, ce mot eſt uſité aujourdhui dans un ſens plus étroit, qu'il n'avoit autrefois. P. II. S. I. p. 103. comment elles ſe diſtinguent du reſte des Coquilles. p. 92. et en particulier des Purpurites, p. 97. on les trouve dans la Vallée d'Andona au Piémont. p. 103. des copies ſe voient, P. II. Pl. C. fig. 1. 2.

Mûrier, Bois de, pétrifié, P. III. p. 15.

Muſcade, Noix, Foſſiles que l'on déſigne de ce nom, ſi l'on doit les rapporter parmi les Echinites. P. II. S. I. p. 141. pluſieurs genres de corps pétrifiés nous ſont préſentés ſous ce nom, mais jamais ce ne ſont véritablement ceux pour leſquels on nous les donne. P. III. p. 85. la Noix Muſcade de SCHEUCHZER eſt un Alcyon, *ibid.* d'autres reſſemblent à une Noix, ſont ornées de différentes couleurs, marquées de pluſieurs ſillons, et les plus rares ſont celles dont les ſillons ſont remplis, comme dans le morceau qui ſe voit dans le Cabinet du Duc de Saxe Weimar, et qui eſt d'une beauté ſupérieure. p. 86. après avoir raporté les Auteurs qui en parlent, l'on examine ce que c'eſt que ces prétendues Noix Muſcades. *ibid.* les Anciens en faiſoient des Jeux de la Nature, d'autres les prenoient pour des Alcyons, d'autres encore pour des véritables Noix Muſcades converties en pierre. *ibid.* ces idées ſont examinées, p. 86. 87. et en comparant ces Foſſiles avec les Noix Muſcades naturelles, l'on fait voir, qu'il eſt impoſſible, qu'ils doivent leur origine à cette ſorte de Noix, p. 87. cependant l' Auteur croit que leur analogue doit être parmi les Noix exotiques. p. 87.

Muſculites telliniformes. P. II. S. I. p. 72.

Muſculus et Mytilus, ces deux mots ſont ſouvent pris pour Synonymes. P. II. S. I. p. 61. quoiqu'il y ait des Auteurs qui les diſtinguent. p. 61. *Not.*

Muſculus polyginglymus KLEINII, Coquille, ſa déſcription. P. II. S. I. p. 63. elle a été trouvée à Roche, village de l'Evêché de Bâle. p. 64.

Muſcus, Mouſſe, pétrifiée. P. III. p. 50.

Muſcus ſaxatilis, foſſile. P. III. p. 50. de SPADA ce que c'eſt ? p. 79.

Muſtela, Poiſſon de ce genre pétrifié. P. II. S. II. p. 167.

Myagrum bâtard, fleur du, on prétend en avoir trouvé de pétrifiée. P. III. p. 70.

Myrmecites de PLINE, n'eſt point d'Inſecte. P. I. p. 150.

Myrrhis, v. *Cerfeuil*.

Myrtillites, ce que c'eſt ? P. II. S. II. p. 22.

Myriκes, l'on ne ſait pas poſitivement le ſens que les Anciens attachoient à ce mot. P. II. S. I. p. 61.

Mytilus, Mitylus. v. *Mytulites*.

Mytulitae arcuati. P. II. S. I. p. 61.

Mytulites, ce que c'eſt ? P. II. S. I. p. 14. elles appartiennent au genres des Muſculites, dont elles font une eſpèce particulière. p. 71. origine de ce nom. p. 61. les Anciens les confondoient avec les Tellinites, tandis qu'ils les diſtinguoient des Muſculites. *ibid.* comment on les diſcerne tant des unes que des autres. p. 61. 62. pluſieurs Auteurs prennent *Muſculus* et *Mytulus* pour ſynonymes. p. 61. caractères qui leur ſont propres. *ibid.* leurs différentes eſpèces. *ibid.* elles diffèrent auſſi par leur grandeur, et il eſt fort ordinaire de les trouver avec leur teſt. p. 61. quelles en ſont les plus rares ? *ibid.* on les trouve, dans la Franconie, et

Bb　　　　　　　　　　　　　　dans

Orbite de l'œil, si elle peut être convertie en pierre? *Suppl.* p. 183.

Orca. v. *Cachalot.*

Oreille de Souris, fleur, dont il est fait mention par MYLIUS, c'est une espèce de Trochite. P. III. p. 79.

Organa carbonaria, espèce de Cércíte. P. I. p. 120. P. III. p. 77. on les trouve dans les Sevennes. P. III. p. 103.

Organum marinum, v. l'Article suivant.

Orgues de Mer, P. II. S. II. p. 15. *Suppl.* p. 168. on les trouve à Maëtricht. *ibid.* une copie se voit, *Suppl.* Pl. VI. fig. 1.

Originaux des Pétrifications, sont appellés les corps naturels auxquels les Pétrifications doivent leur origine. P. II. S. I. p. 4. l'on doit en combiner l'étude avec celle des corps pétrifiés, si l'on veut entrevoir la gradation des productions de la Nature. *ibid.* les corps pétrifiés ont toujours leurs originaux parmi les corps naturels, & ne sont point des Jeux de la Nature. P. I. p. 34. ce qui est démontré, p. 35. l'on ne connoit pas encore les originaux ou analogues de tous. p. 36. s'il y a des corps pétrifiés dont les analogues naturels se sont entiérement perdus? p. 37. souvent il est impossible de déterminer au juste le véritable original d'un corps pétrifié, *ibid.* principes auxquels on s'attache aujourdhui au sujet de ces originaux. p. 99.

Orme, fruits de l', on prétend en avoir de pétrifiés. P. III. p. 91.

Ornithoglossae, espèce de Dents de Poisson. P. II. S. II. p. 185. 187.

Ornithoglossum recurvirostrum de LUID, espèce de Dents de Poisson. P. II. S. II. p. 187.

Ornitholithes, Squelettes d'Oiseaux pétrifiés. P. II. S. II. p. 134. origine de ce nom. p. 158. ce sont des Pétrifications de la plus grande rareté, & d'où cela vient? *ibid.* il n'est pas impossible, qu'il y en ait de véritables. *ibid.* des Oiseaux entiers, non incrustés, mais convertis en pierres, sont de la dernière rareté. p. 158. 159. Oiseaux tirés des carrières de Tuf, ou des Maisons de Graduation. p. 159. *Nids d'Oiseaux.* v. *Nids &c.* Squelettes entiers, l'on doute fort qu'il en existe de convertis en pierre. p. 160. Os d'oiseaux, l'on en trouve, mais c'est une chose très rare. *ibid.* s'il y a des Contrées qui en abondent? p. 160. 161. v. *Vogelsberg.* si ces Os fossiles portent des caractères suffisans pour déterminer le genre d'oiseau auquel ils appartiennent? p. 161. Becs d'Oiseaux pétrifiés, l'on en voit, mais ils sont très rares. *ibid.* Ongles, & Oeufs d'Oiseaux, l'on doit avoir soin de distinguer les véritables d'avec les faux. *ibid.* Plumes, *Mr. le Prof. WALCH* en possède deux morceaux. p. 162. Oeningue, Reutlingue, l'Isle de Ouest-Gothland, sont les endroits où l'on prétend trouver de ces Ornitholithes. P. II. S. II. p. 161.

ORPHEE chanta les Pierres qui furent estimées de son tems. P. I. p. 81.

Orthoceratitae apice inflexo. Suppl. p. 138.

Orthoceratitae circulis asperis. Suppl. p. 138.

Orthoceratitae dentaliformes. Suppl. p. 137.

Orthoceratitæ diaphragmatibus sinuosis. Suppl. p. 138.

Orthoceratitae sulcati. Suppl. p. 138.

Orthocératites, origine de ce nom. P. II. S. I. p. 46. ce que c'est, et comment on les distingue des Ammonites, des Nautilites, des Cératites, des Bélemnites. p. 46. 47. & des Entroques P. II. S. II. p. 73. il y a beaucoup d'affinité entre les Bélemnites & les Orthocératites. P. II. S. I. p. 46. il y en a plusieurs espèces, dont la classification se dirige en partie sur leur structure interne, en partie sur leur grandeur. *ibid.* comment se forment les cellules qui en partagent l'intérieur, & combien la structure en varie? p. 47. si l'on en voit à doubles cloisons? *ibid.* elles diffèrent aussi par leurs siphons, dont la variété fournit des caractères qui influent sur leur distribution méthodique. *ibid.* si l'Original, ou analogue marin de ce Fossile est connu? p. 48. l'on doit le ranger parmi les Testacés. *ibid.* différens états de ce Fossile. *ibid.* GESNER & ALDROVANDUS furent les premiers qui en parlèrent. *ibid.* il reste encore beaucoup à rechercher au sujet de ce Fossile. p. 49. l'on a découvert des Orthocératites à cloisons sinueuses, ou rameuses, *Suppl.* p. 137. Mr. DAVILA les appelle *Orthocératites à engrainures branchues. Suppl.* p. 202. v. *Orthocératites à cloisons sinueuses.* l'on en a trouvées aussi à bords dentelés. *Suppl.* p. 137. l'on a ainsi des Orthocératites, de forme conique, cylindrique, de légèrement courbées, d'autres à courbure très marquée, de contournées, p. 137. 138. & ces dernières sont connuës sous le nom de Lituites. v. *Lituites.* outre cela l'on en voit, de sillonnées, de striées, de dentelées, & à cloisons anguleuses. p. 138. des dentelées il est traité en particulier. p. 141. explication,

tion, que Mr. GENZMER donne, de ce que souvent les cloisons paroissent sous une forme convexe alentour du siphon. p. 138. observations singulières au sujet du siphon des Orthocératites, p. 139. description particulière d'un tel siphon. p. 140. dimensions des plus grandes Orthocératites que l'on connoit. p. 139. si les siphons de ces Testacés ont pû donner naissance aux Astéries? P. II. S. II. p. 97. 100. quelquefois l'on voit dans leur cavité des Alcyons qui s'y sont enfoncés. *Suppl.* p. 142. 187. quelquefois leurs concamérations sont vuides. *Suppl.* p. 191. quelquefois remplies d'un noyau dont la couleur diffère de celle de leur matrice. p. 199. Mr. SCHEUCHZER les rangeoit parmi les alvéoles. P. II. S. II. p. 214. notice des Orthocères naturels d'une petitesse extrème, & des plus petites Orthocératites. p. 239. 140. elles sont marquées de stries transversales. *ibid.* Auteurs qui en ont traité. P. II. S. I. p. 29. 49. 50. l'on en trouve, aux environs d'Avignon, *Suppl.* p. 140. de Blankenbourg. P. II. S. I. p. 48. à Busweiler. *Suppl.* p. 151. en Angleterre. P. II. S. I. p. 49. à Francfort sur l'Oder. P. II. S. I. p. 46. 48. 49. dans l'Isle de Gothland. *Suppl.* p. 139. à Güntershofen. *Suppl.* p. 151. au Harz. P. II. S. I. p. 49. dans le Païs de Mecklenbourg. P. II. S. I. p. 48. 49. 51. S. II. p. 141. *Suppl.* p. 140. 141. 142. à Neu Strelitz. *Suppl.* p. 141. 142. dans l'Isle d'Oeland, P. II. S. I. p. 48. 49. 50. *Suppl.* p. 139. 143. en Piemont. *Suppl.* p. 140. en Poméranie. *Suppl.* p. 139. 142. en Suisse. P. II. S. I. p. 48. en Sibérie. P. II. S. I. p. 48. à Stargard. *Suppl.* p. 141. & dans l'Uckermarck. *Suppl.* p. 139. des copies se voient, P. II. Pl. A. VI. Pl. A. VIII. *Suppl.* Pl. IV. a. fig. 1. Pl. IV. b. fig. 2. 3. Pl. IV. c. fig. 2. 5. 6. Pl. IV. d. fig. 4. 5. 6. 7. Pl. IV. e. Pl. V. d. fig. 1. 2. Pl. IX. b. fig. 8. 9. Pl. X, a. fig. 6. Pl. XII.

Orthocératites à cloisons anguleuses. *Suppl.* p. 138.

Orthocératites à cloisons sinueuses. Suppl. p. 136. on les trouve dans les Auteurs sous différens noms, p. 136. 138. 202. Mrs. DAVILA, de HUPSCH & KLEIN en font mention dans leurs écrits. p. 202. 203. les individus que l'on en a découverts jusqu'ici, diffèrent beaucoup les uns des autres, *ibid.* il n'y a point de doute que cette espèce d'Orthocératite n'ait aussi son siphon, *ibid.* toutes les pièces que l'on connoit aujourdhui, sont frustes, & dépouillées de leur Test, observation

qui contredit l'opinion de Mr. DAVILA *ibid.* une copie se voit, *Suppl.* Pl. XII. on les trouve dans la Normandie, aux environs d'Aix la Chapelle, & en Suisse. *Suppl.* d. 103.

Orthocératites à sillons. Suppl. p. 138.

Orthocératites dentelées. Suppl. p. 138. 141.

Orthocératites de forme cylindrique. Suppl. p. 137.

Orthocératites recourbées, légèrement, *Suppl.* p. 137. à courbure très marquée *Suppl.* p. 138. v. aussi *Lituites.*

Orthocératites striées. Suppl. p. 138.

Oryctographies du Siécle ou nous vivons. P. II. S. I. p. 26. 27.

Os. v. *Ostéolithes.*

Oscabiorn, espèce d'Insecte de Mer, qui est souvent confonduë avec les Chitons, ses yeux, P. III. p. 109. 112. l'on examine l'idée de ceux qui prétendent y trouver l'analogue de la trilobite. p. 120. 121.

Osmunda, Plante, pétrifiée, P. III. p. 50.

Osmunda major, a été déterrée à Essen. P. III. p. 66.

Os humains en forme de tuyau ou de canon. P. II. S. II. p. 142.

Os, débris d', réduits en une espèce de sable, qui se trouve à Thurnau. P. II. S. I. p. 145.

Os innominés, Pétrifications que l'on rapporte à ce genre d'os. P. II. S. II. p. 154. elles sont plus rares que les vertèbres fossiles. *ibid.*

Ossa Avium pétrificata. v. *Ornitholithes.*

Ossa canaliculata de LUID, sont des Os fossiles en forme de canon. P. II. S. II. p. 155.

Ossa fistulosa petrefacta. P. II. S. II. p. 155.

Ossa innominata. v. *Os innominés.*

Ossa Vertebrarum petrificata. v. *Vertèbres.*

Osselets du carpe, metacarpe, phalanges &c. P. II. S. II. d. 143. 155.

Osselets du Squelette d'un Oursin de Mer. P. II. S. I. p. 144. 145.

Officula Avium petrificata. v. *Ornitholithes.*

Osteocolla, origine de ce mot. P. III. p. 26. ses différentes significations. P. III. p. 2. s'il est pris dans son sens le plus étendu, il embrasse aussi les roseaux incrustés. P. III. p. 76. ce n'est point de racine pétrifiée. P. III. p. 26. comment elle est formée. *ibid.*

Ostéolithes, l'on désigne de ce nom les Os pétrifiés & fossiles. P. II. S. II. p. 133. origine de ce mot. *ibid.* les différentes sortes de ces Os ont encore leurs noms particuliers. p. 134. les Originaux de ces Fossiles doivent absolument être cherchés dans le Regne Animal, *ibid.* d'où il vient qu'ils sont souvent si mal conservés ou si fort altérés? p. 134. d'où il vient qu'il est si rare d'en trouver qui soient encore recouverts de leurs chairs? *ibid.* l'on doit être bien sur ses gardes par rapport aux morceaux que l'on donne pour tels. *ibid.* la Partie de la Lithologie qui a pour objet les Os Fossiles, est encore très defectueuse *ibid.* ce qui vient principalement de ce que l'on n'en connoit pas encore assez les analogues naturels, quoiqu'il y ait des Auteurs qui en ont fait l'objet de leurs recherches. p. 136. ces Ostéolithes se trouvent la plûpart en morceaux isolés. *ibid.* qui ne sont ni frequents ni rares, p. 137. comment ceux qui dérivent toutes les Pétrifications du Déluge, s'efforcent de se tirer d'affaire, lorsqu'on leur demande d'où il vient que l'on trouve si peu d'Ostéolithes? *ibid.* la cause en doit sans contredit être cherchée dans la nature du terrain où les Os ont été couchés. p. 138. classifications de nos Ostéolithes. *ibid.* états différens dans lesquels on les trouve. p. 173. la plûpart on les trouve isolés *ibid.* d'où il vient, que ceux qui se trouvent enfermés dans une matrice pierreuse, sont convertis en pierre, tandis que les Os isolés ne sont que calcinés. p. 173. quelle est la cause du brillant par lequel certains Os se font remarquer? p. 174. quelquefois l'on en voit qui sont arborisés. P. I. p. 194. s'ils se trouvent enfermés dans quelque matrice pierreuse, celleci est ordinairement d'une substance calcaire. P. I. p. 23. des Os minéralisés. P. II. S. II. p. 174. 175. des Os fossiles qui se sont conservés sans éprouver d'altération. p. 176. voye par laquelle on peut espérer de parvenir à quelque degré de perfection dans cette Partie de la Lithologie. p. 185. les Ostéolithes qui ont leurs dénominations particulières, comme *Crânes, Machoires &c.* doivent être cherchés chaque sorte sous le nom qui lui est propre. Les endroits qui en fournissent sont: Espersledt. P. II. S. II. p. 154. 179. 209. Querfourt. p. 151. 154. 177. 183. 209. *Suppl.* p. 181. Eisleben, la Silésie. P. II. S. II. p. 154. 177. les Cavernes de Baumann, p. 154. 177. Eichstaedt. p. 154. les environs d'Aix-la-Chapelle, & de Quedlimbourg. p. 174. la Misnie, Kindelbruck, la Suisse. p. 177. les Monts Carpathes, l'Angleterre, l'Irlande, la France, en particulier Haux &

Breuilpont, la Sibérie, le Canada, la Côte de Coromandel. *ibid.* la Silésie, les rives du Danube. p. 183. Ophausen. p. 177. 209. les Cavernes de Schartzfeld, Canstadt. p. 177. les environs de Rheims, p. 141. la Souabe, p. 210. l'on en voit des copies, P. II. Pl. H H. III. IV. V. Pl. L. 5. 6. 7. *Suppl.* Pl. VIII. Pl. VIII, a, VIII, b, VIII, c.

Ostéolithes d'Amphibies, voyez *Amphibies;* d'Eléphant, v. *Eléphant;* d'Hommes, v. *Anthropolithes;* de Quadrupèdes, v. *Tetrapodolithes;* d'Oiseaux, v. *Ornitholithes;* de Poissons, v. *Ichthyolithes;* de Rhinocéros v. *Rhinocéros.*

Ostéolithes d'Oursin de Mer, P. II. S. I. p. 144. 145.

Osteolithi Amphibiorum, v. *Amphibiolithes.*

Osteolithi Avium, v. *Ornitholithes.*

Osteolithi Hominum, v. *Anthropolithes.*

Osteolithi humani fistulosi. P. II. S. II. p. 143.

Osteolithi Piscium, v. *Ichthyolithes.*

Osteolithi Quadrupedum. v. *Tetrapodolithes.*

Osteolithi Scapulae humanae. P. II. S. II. p. 142.

Osteolithi vertebrarum hominis. P. II. S. II. p. 142.

Osteolithus ossis Sterni. P. II. S. II. p. 142.

Ostéologie du Regne des Fossiles. v. *Ostéolithes.*

Ostracitae echinati, ce que c'est? P. II. S. I. p. 115. elles sont très rares. p. 117.

Ostracitae gibbosi anasiformes, ce que c'est? P. II. S. I. p. 116.

Ostracitae transversim rugosi. P. II. S. II. p. 115.

Ostracites, ce que c'est? P. II. S. I. p. 14. double caractère qui distingue ce genre de Coquilles, *ibid.* Origine de ce mot. p. 114. quelles sont les Coquilles qui s'y rapportent, p. 114. 115. caractères qui les distinguent des Camites & des Pinnites. p. 114. à cause de l'affinité qu'elles ont avec ces deux genres de Coquilles, on peut les diviser en Ostréocamites & Ostréo-Pinnites. *ibid.* v. *Ostreo Camites, Ostreo Pinnites,* leur conservation, & nature de la substance pierreuse qu'on leur trouve, considérées. p. 116. il n'est pas rare d'en voir qui ont conservé leur test. p. 117. d'où il vient que la dureté en excède rarement celle d'une pierre à chaux ou d'un Marbre? *ibid.* lorsqu'on en déterre, ce sont la plûpart des amas considérables que l'on en trouve couchés ensemble. *ibid.* KENNTMANN leur donne le nom d'Ostréites, *ibid.* IMPERATI en faisoit des Pierres idiomorphes ou figurées. p. 118. il est rare d'en trouver

deux

Palmipes, espèce d'Etoile de Mer. P. II. S. II. p. 259.

Pantoufle, Fossile en forme de v. *Sandaliolithe.*

Papillons, l'on prétend en avoir trouvé de pétrifiés. P. I. p. 146.

Passer, Poisson, pétrifié. P. II. S. II. p. 167.

Patellaciae, Patellites. P. II. S. II. p. 263.

Patellitae basi circulari. P. II. S. II. p. 264.

Patellitae basi elliptica. ibid.

Patellitae costatae. ibid.

Patellitae vertice integro. ibid.

Patellitae vertice obliquo & recurvo. ibid.

Patellitae vertice pertuso. ibid.

Patellites, ce que c'est, P. II. S. II. p. 263. certains Auteurs les rangent parmi les Bivalves, d'autres parmi les Univalves. *ibid.* leurs différentes sortes. p. 264. il est rare de les voir à découvert du côté interne. p. 263. elles se rangent sous quatre Genres, 1.) celles à sommet percé. p. 264. 2.) à sommet entier, non recourbé. *ibid.* 3.) à sommet entier, recourbé. *ibid.* 4.) à sommet entier, garni dans son intérieur d'un appendice testacé en forme de canal. *ibid.* converties en pierre elles sont d'une très grande rareté, d'où cela vient, *ibid.* On les trouve en Piémont. p. 264. 268. à Chaumont & à Courtagnon. p. 265. à Prattelen. p. 268. en France. p. 265. 268. en Suisse. p. 265. dans le Païs de Brounsvic, en Italie, & en Angleterre. *ibid.* des copies se voient, P. II. Pl. N. fig. 2, 3. 4.

Patellites en forme de Clochette, pétrifiées. P. II. S. II. p. 265.

Pavonites de Mr. GUETTARD, espèce particulière de Fongite. *Suppl.* p. 154.

Pavot, Graine de, ce que l'on désigne de ce nom, n'est la plûpart qu'une fausse Pétrification. P. III. p. 82.

Pectines lapidei, Manteaux pétrifiés. P. II. S. I. p. 57.

Pectinites, ce que c'est, P. II. S. I. p. 13. significations différentes de cet mot. p. 56. 57. comment on les distingue des Ostréopectinites. p. 115. l'on en trouve, dans l'Amérique méridionale. p. 69. 73. à Aristorf. P. II. S. II. p. 266. à Waldenheim en Alsace. *Suppl.* p. 151. des copies se voient, P. II. Pl. B. II. fig. 3. Pl. B. II. c. Pl. B. III. fig. 1. 2. Pl. H. II. fig. 4. 5. *Suppl.* Pl. V. d. fig. 4.

Pectonculites, ce que c'est? P. II. S. I. p. 13. 56. 59. 73. on les trouve entre Gera & Ronnebourg, dans le Païs de Brounsvic. p. 75. dans la Basse-Hesse. *ibid.* dans la Thoringe. p. 62. une copie s'offre, P. II. Pl. B. III. a.

Pectunculitae anomii. v. *Térébratulites striées.*

Pectunculites marmoreus trilobus imbricatus, phrase par laquelle HERRMANN désignoit la Trilobite. P. II. S. I. p. 81.

Pectunculites trilobus, Trilobite. P. III. p. 105.

Pectunculites trilobus imbricatus, Trilobite. ibid.

Pectunculites trilobatus de Mr. HERMANN, étoit une partie de la queuë d'une Trilobite. P. III. p. 117.

Pedicae de Mr. LUID, espèce de Vertèbre. P. II. S. II. p. 165.

Pediculi marini. v. *Oscabrion.*

Peignes, ce que c'est. P. II. S. I. p. 56.

Pelagiques, quelles sortes de corps fossiles se désignent de ce nom. P. I. p. 28.

Pennae Avium pétrificatae. v. *Ornitholithes.*

Pinnatulae. v. *Plumes marines.*

Pentaceros, espèce d'Etoile de Mer. P. II. S. II. p. 259.

Pentaceros reticulatus, espèce d'Etoile de Mer P. II. S. II. p. 259. fossile. p. 261.

Pentacrinites, origine de ce nom. P. II. S. II. p. 92. leur structure, *ibid.* elles diffèrent sensiblement des Encrinites. *ibid.* & P. I. p. 121. les morceaux que l'on en connoit, sont, le *Caput Medusae* HIEMERI. P. II. S. II. p. 92. le *Palmier marin* de Mr. DAVILA. p. 93. la *Pentacrinite* de Mr. GMELIN. P. I. p. 121. 122. P. II. S. II. p. 93. *celle* de Mr. d'ANNONE, P. II. S. II. p. 93. 166. 267. l'on recherche si les originaux de ces Fossiles sont les *Capita Medusae* RUMPHII? p. 93. 98. 99. les *Capita Medusae* LINKII? p. 98. 99. la *Zoophyte* de MYLIUS? p. 100. ou le *Palmier marin* de Mr. GUETTARD? p. 94. 95. 100. 101. il y a deux sortes de Pentacrinites. P. I. p. 122. structure du Zoophyte auquel elles doivent leur origine? P. II. S. II. p. 101. certains Auteurs donnent aussi aux Encrinites le nom de Pentacrinites. p. 84. il est vrai qu'il y a beaucoup d'affinité entre ces deux genres de Zoophytes. p. 101. 102. ce ne sont point des Etoiles de Mer. p. 260. quel sens AGRICOLA attacha au mot *Pentacrinus*, dont il a usé dans ses écrits? p. 112. Racines des rayons des Pentacrinites. *Suppl.* p. 177. les Pentacrinites de Prague ont des tiges, qui approchent beaucoup de celles des Encrinites. *Suppl.* p. 179. les endroits qui ont fourni jusqu'ici des Pentacrinites, sont: Pappenheim. P. II. S. II. p. 167. les

pandre beaucoup de jour sur cette question, si l'on pouvoit toujours savoir le tems où une Mine a été abandonnée ou qu'elle s'est écroulée. p. 6. combien a-t-il fallu de tems, jusqu'à ce que de tels corps, étrangers à la terre, soient venus à être couchés dans les endroits où ils sont trouvés aujourdhui? p. 6. 7. s'il y a eu des Pétrifications avant le Déluge? & s'il en naissent encore aujourdhui? ce sont des Questions auxquelles l'Auteur repond affirmativement. p. 7.

Les Pétrifications doivent, suivant quelques uns, leur origine à une certaine Force cachée. P. II. S. I. p. 24. on ne sauroit l'attribuer à une seule Cause, il doit y en avoir plusieurs. p. 30. d'où il vient qu'en bien des endroits ces corps fossiles ne sont que calcinés? p. 98. d'où il vient que plusieurs de ces corps sont si rares? P. I. p. 37. P. II. S. I. p. 98. tandis que d'autres sont si frequents. P. I. p. 15. 16. les changemens que le fond de la mer à éprouvé, ne sauroient être regardés comme la cause universelle à laquelle toutes les Pétrifications doivent leur origine. P. II. S. II. p. 107. car il doit y en avoir plus d'une. P. II. S. II. p. 137.

Les Pétrifications sont généralement toutes, ou du Regne Animal, ou du Regne Végétal; P. I. p. 8. 9. l'on y découvre les marques les plus évidentes des corps auxquels elles doivent leur origine. p. 9. quoiqu'elles different en plusieurs manières les unes des autres. *ibid.* v. *Dureté, substance, matrice, Conservation, Position, Couleurs, des Pétrifications.* Plusieurs sortes de Pétrifications sont constamment d'une même sorte de pierre, tandis que d'autres varient beaucoup à cet égard, d'où cela vient il? p. 15. on les trouve altérées & changées en différentes manières, & leur conservation varie extrèmement. p. 23. 24. l'on en voit beaucoup qui sont frustes. p. 24. la position ou situation dans laquelle elles se trouvent couchées dans le sein de la terre, ne varie pas moins. p. 25. leur pésanteur spécifique. p. 25. 26. souvent elles se trouvent en société & rassemblées en grand nombre ensemble. p. 26. tantôt ce ne sont que des individus d'un même genre qui se trouvent ensemble, tantôt l'on voit des amas rassemblés de genres fort différens les uns des autres. p. 27. 28. la plus grande partie des corps pétrifiés sont des Productions de la Mer. p. 28. dans la recherche de ces corps il est essentiel d'observer exactement les hauteurs & les profondeurs auxquelles elles ont été couchées dans les montagnes ou dans le sein de la terre. p. 29. les Montagnes qui sont composées d'un roc vif & continû, ne renferment point de pétrifications; mais bien celles qui sont toutes d'une substance arénacée. p. 30. observation sur les Pétrifications qui se rencontrent dans ces dernières. P. II. S. I. p. 69. v. *Pétrifications arénacées.*

Il y a de certains caractères qui distinguent les Pétrifications d'un Païs de celles d'un autre, qui cependant ne laissent pas de nous tromper quelquefois. P. II. S. I. p. 89. v. *Caractères.* Observations générales sur les Païs & les endroits qui nous fournissent des corps pétrifiés, où l'on cite aussi les Auteurs qui en traitent. P. I. p. 38. *& suiv.* s'il y a des contrées où l'on n'en trouve point? p. 39. 74. détail des causes différentes qui peuvent avoir fait passer ces corps dans le Regne minéral. p. 66—70. si elle peut se déterminer par rapport à chacun de ces corps que l'on déterre? p. 76. Auteurs qui ont traité de ces grandes Catastrophes que nôtre Globe a essuiées, & des Pétrifications qui leur doivent leur origine. p. 76. *& suiv.* comment celles-ci ont passé dans les plus hautes Montagnes. p. 98.

Observations touchant les Pétrifications de la France. P. II. S. I. p. 111. celles de Wettersleben près de Quedlinbourg. P. I. p. 10. P. II. S. I. p. 110. de l'Hongrie, de l'Isle de Malthe & d'Alger. P. II. S. I. p. 65. des environs de Turin. P. I. p. 10. comment ces corps sont convertis en calcédoines, en agates, en Onyx. P. II. S. I. p. 107. v. *Pétrifications en pierre de corne.* Les Pétrifications ont été connuës déjà dans les tems les plus reculés. P. I. p. 80. Ecrits qui indiquent les différentes contrées qui en renferment, & qui traitent des différentes sortes que l'on en trouve, &c. p. 95. *& suiv.* avantages que l'Histoire naturelle en a retirés. p. 95.

Pétrification du Bois, en combien de tems elle s'opère. P. III. p. 20.

Pétrifications qui ont pris la nature de l'Agate. P. I. p. 12. P. II. S. I. p. 107.

Pétrifications arénacées, ou *en grais,* leur origine. P. I. p. 13. s'il y a des Feuilles & des Bois qui ont pris cette nature, la chose est presque impossible par rapport aux Coquilles. *ibid.*

Pétrifications argilleuses, les Coquilles ne sauroient prendre facilement cette nature. P. I. p. 10. celles qui se rencontrent dans une matrice argilleuse, ne sont que calcinées.

Stalactites. Pierres à chaux. Marbres. Iafpes. Agates. Criftaux. Quarz. Plantes minéralifées. P. III. p. 56. 57. en particulier les cuivreufes, P. I. p. 43. & les pyriteufes. p. 45. la manière dont elles fe trouvent couchées dans le fein de la terre, varie extrèmement. P. III. p. 57. tantôt c'eft dans un certain ordre, tantôt d'une manière confufe fans aucun ordre d'où cela vient? *ibid.* ordinairement eft dans un même endroit une certaine forte de Plante plus frequente que d'autres. p. 57. & il eft rare de les voir mêlées avec des Coquilles ou des Os. p. 58. 62. Empreintes de Plantes. voy. *Empreintes.* Quant à la couleur, elle varie extrèmement. p. 60. il en eft rendu raifon, & l'Auteur examine en particulier d'où vient ce luifant qui diftingue furtout les Plantes qui fe trouvent renfermées dans des Schiftes noirs? p. 60. fort fouvent la couleur des Plantes diffère de celle de leur Matrice, phénomène dont on raporte toutes les variétés. p. 60. 61.

La Caufe qui a fait paffer les Plantes dans le Regne des foffiles, n'eft pas la même que celle qui y a transporté les Coquilles. P. III. p. 62. c'eft à un limon qui s'eft dépofé dans des eaux dormantes, que l'on doit attribuer ce phénomène. p. 63. quoique des Inondations puiffent auffi y avoir leur part. *ibid.* & c'eft du moins de cette manière que les Plantes étrangères nous font parvenues, *ibid.*

Les Matrices qui renferment nos Plantes, varient en plufieurs manières. P. III. p. 51. Auteurs qui en ont traité. p. 50. 51. 93. les Grecs les connoiffoient, mais fort peu. p. 95. les Romains s'en foucioient encore moins p. 96. l'on détaille combien AGRICOLA, KENNTMANN, GESNER, & les Naturaliftes modernes, ont contribué à repandre du jour fur cette Partie de l'Hiftoire naturelle. p. 97. *& fuiv.* celui qui s'y eft diftingué le plus, c'eft SCHEVCHZER, qui fut fuivi par plufieurs autres p. 98. 99. cependant il y refte toujours encore des vuides à remplir. p. 100.

L'on trouve de ces Plantes pétrifiées & foffiles, en Saxe. P. III. p. 64. aux environs de Dresde, de Pefterwiz, de Meiffen, de Zwickau, de Reinsdorf, de Lichtenftein, de Zaukerode, en Thuringe, à Mansfeld, à Manebach, en Franconie, à Ilmenau. p. 64. 65. aux environs de Magdebourg, à Wettin, à Gibichenftein, à Kellerberg, près de Gutenberg, d'Iiefeld, de Salzthal, d'Azum. en Heffe *ibid.* à Saarbruk, à Effen, en Siléfie, à Landshut, à Conradswaldau, Gablau, Rottenbach,

Weifsftein, Hermannsdorf, Altwaffer, Leffig, Liebersdorf, Brietenhan, Commodau, Planiz, au Riefengebirge, à Maffel, en Suiffe, à Glaris. p. 65. 66. à Oeninguen, au Legerberg, dans le Canton d'Appenzell, dans celui de Berne, à Agis, à Caftelan. p. 66. en France, à Chaumont. p. 49. 57. 66. à Mi-Carenne, dans le Furens, à Alais en Languedoc, dans les Sevennes, à Lach en Lorraine. p. 67. aux environs de Vérone, de Bologne en Italie, en Angleterre, en Northumberland, en Cumberland, en Nordwales. p. 67. 68. à Colebrookdale en Stropshire. p. 57. 61. à Rheinsdorf près de Zwikau, p. 62. en Iflande. p. 61. à Gioceftre en Angleterre; p. 49. à Cotta près de Dresde. p. 52. des copies fe voient. P. I. Pl. X. P. III. Pl. S—W. 2.

Platyrrhyngi de LUID, efpèce de Vertèbres. II. S. II. p. 165.

Plectronarii de LUID, efpèce de Dents de Poiffon foffiles. P. II. S. II. p. 156.

Plectronitae, efpéce de Dents de Poiffon foffiles P. II. S. II. p. 189.

Plectronites latiufculus.
Plectronites major.
Plectronites pectinatim ftriatus. } Dents de Poiffon foffiles. P. II. S. II. p. 189. 190.

Pleurocyfti, Claffe d'Echinite. P. II. S. I. p. 134.

Plie, Poiffon. v. *Paffer.*

PLINE, n'a point mis à profit, comme il auroit pû, les écrits de *Théophrafte.* P. I. p. 80. 81. P. II. S. II p. 178. d'où vient ce grand nombre des différens noms qu'il donne à fes Pierres. P. III p. 96. de ce qu'au commencement on s'attacha trop à ce Naturalifte, il réfultèrent de grandes confufions dans cette Partie de l'Hiftoire naturelle. p. 97. GESNER & MERCATUS fe donnèrent bien de la peine à en rechercher les noms. p. 97.

Plomb, Pétrifications qui en contiennent, d'où il vient que l'on n'en a point encore trouvé P. I. p. 45.

Plumes d'Oifeau. v. *Ornitholithes.*

Plumes marines, Suppl. p. 165. l'on en trouve à Maftricht; & l'on en a deterré auffi un morceau dans le Comté de Waldeck *ibid.*

Poefenek, Dentalites de, Suppl. 146.

Poires, pétrifiées, ce que l'on donne pour telles, ne font guères que de fauffes Petrifications. P. III. p. 83.

Poirier pétrifié, l'on en voit un à Nuremberg dans la baffe cour d'une Maifon. P. III. p. 4.

Poirier, Bois de, pétrifié, P. III. p. 15.

Pois, l'on prétend en avoir trouvé les gousses converties en pierres, P. III. p. 82.

Poisson, Dents de, fossiles, différens noms qu'on leur donne, P. II. S. II. p. 185. ce sont de véritables Pétrifications, quoique les Anciens en eussent des idées fort erronées. p. 185. 186. leur Classification par Messieurs *LUID, BERTRAND, & GESNER*, p. 186. comment ces Dents de Poisson se distinguent du reste des Ostéolithes. p. 187. comment certaines sortes de ces Dents se diferent des Dentalites. p. 246. l'Auteur les divise en 1) Dents en forme d'alêne. p. 187. 2.) triangulaires. *ibid.* v. *Glossopètres* 3.) coniques. p. 189. 4.) orbiculaires ou ovales. p. 190. v. *Bufonites.* 5.) quadrilatères. p. 192. 6.) à dos voûté. p. 192. 207. leurs différences par rapport à la grandeur, à la forme de leurs racines, & à la couleur. p. 193. 194. le brillant qu'on leur trouve, leur est naturel. p. 194. l'on ne sauroit encore déterminer les genres de Poissons auxquels toutes ces Dents fossiles doivent avoir appartenu. p. 195. l'on en a du Carcharias & de la Lamie. *ibid.* du Marteau, ou Zygène. *ibid.* de l'Acanthias, du Requin, du Loup, 195. 196. du Sargo, de la Dorade, du Brochet, du Dauphin. p. 196. 197. états différens que ces Dents ont subit depuis leur passage au Regne des fossiles. p. 197. d'où il vient que ces Dents y sont plus frequentes que les Poissons? *ibid.* leurs Matrices *ibid.* recherches qui restent encore à faire dans cette Partie de l'Histoire naturelle. p. 196. Auteurs qui en ont traité. p. 197. *& suiv.* endroits où l'on en trouve: Blankenbourg. p. 209. Quedlimbourg. *ibid.* dans l'Isle de Malthe, Vérone, en Italie, en Angleterre, p. 198. en Ecosse, en France, en Suisse, Alsheim, Mansfeld, Lunebourg, en Hesse, dans le Holstein, en Prusse, en Saxe, en Carniole, dans la Carinthie, en Silésie. p. 198. dans le Duché de Mecckelbourg. *Suppl.* p. 181. Querfourt. P. II. S. II. p. 190. 198. *Suppl.* p. 181. Ratisbonne. P. II. S. II. p. 193. dans l'Isle de Malthe, dans la Caroline. *ibid.* Suffolk & Marsham dans le Berkshire en Angleterre. *Suppl.* p. 183. des Copies se voient: P. II. Pl. H. I. fig. 4. 5. 6. 11. Pl. H. I. a. fig. 1. 2. 3. 4. *Suppl.* Pl. VIII. d.

Poisson, Dent machélière de, trouvée à Weimar. *Suppl.* 183.

Poisson, Ecailles de, d'où il vient qu'il est si rare d'en trouver de pétrifiées. *Suppl.* p. 182. l'on en trouve dans le Duché de Mecklenbourg. *ibid.*

Poisson, Queues de, P. II. S. II. p. 168.

Poisson, Vertèbres de. v. *Vertèbres.*

Poissons, comment les figures des Poissons dans les Schistes peuvent avoir du relief, tandis qu'il n'y reste absolument rien du corps du poisson même. *Suppl.* p. 132.

Poivre, l'on prétend en avoir trouvé de pétrifié. P. III. p. 93.

Pologne, Observations sur les Pétrifications de ce Païs. P. II. S. I. p. 64.

Polylimnites, espèce de Dendrites, P. I. p. 101. 106.

Polypes, qui a été le premier qui déclara les Coraux pour des ouvrages de Polypes? P. II. S. II. p. 3. manière dont on veut qu'ils les fabriquent? p. 4.

Polypites, *Mr. GUETTARD* désigne de ce nom les Coraux. *Suppl.* p. 151.

Polypodium angustifolium des Sevennes. P. III. p. 104.

Polypodium quercinum, pétrifié, P. III. p. 50.

POMET, comment il distingue les Dentalites d'avec les Entalites. P. II. S. II. p. 248.

Pommes, ce que l'on donne pour des Pommes pétrifiées, ne sont guères de véritables Pétrifications. P. III. p. 83.

Procellanae fimbriatae.
Pocellanae marginatae. } P. II. S. I. p. 104.
Procellanae spirales.

Porcellanites, leur forme & structure. P. II. S. I. p. 92. comment elles diffèrent du reste des Coquilles. p. 92. leur caractère. p. 104. elles sont très rares p. 98. 104. l'on en trouve à Turin, & à Steenberg dans le Duché de Mecklenbourg. p. 104. des copies se voient. P. II. Pl. C. fig. 4. 5. 6.

Porlies de Mr. GUETTARD, espèce particulière de Fongites. *Suppl.* p. 154.

Porphyre, d'où il vient que l'on n'y trouve point de corps pétrifiés, P. I. p. 10. *& suiv.* P. II. S. I. p. 9. *Mr. de BUFFON*, qui prétend qu'il en renferme, refuté. P. I. p. 11.

Porpitae dimidiati. } P. II. S. II. p. 23.
Porpitae elliptici.

Porpitae nummulares, l'on désigne de ce nom les Hélicites. P. II. S. I. p. 54.

Porpitae rotundi utrinque convexi. P. II. S. II.
p. 23.

Porpites, ce que c'est. P. II. S. p. 23. il y en
a trois fortes. *ibid.* quelquefois l'on en
rencontre dans des pierres à feu. *Suppl.*
p. 118. on les trouve à Hittfeld près de
Harbourg, à Gnoyen dans le Duché de
Meklenbourg. *ibid.* à Lohberg & aux environs d'Aix la Chapelle, *ibid.* & à Orme-
lingen dans le Canton de Bale. P. II. S.
II. p. 50. des copies se voient, P. II. Pl.
F. III. fig. 47. *Suppl.* Pl. VI. * fig. 4.
5, 6, 7.

Porpites, Mr. *GUETTARD* se sert de ce
mot dans un sens plus étendu que l'ordinaire. *Suppl.* p. 154.

Porus cerebrus, espèce de Rétéporite. P. II
S. II. p. 20.

Porus frondosus. P. II. S. II. p. 12.

Porus ramosus ramosus. P. II. S. II. p. 12.

Poteaux, convertis en pierre. P. III. p. 12.

Poule, la, pétrifiée de *MYLIUS* n'étoit sans
doute qu'un Jeu de la Nature. P. II. S.
II. p. 159.

Prêle, *Equisetum*, pétrifié, trouvé dans les
Sevennes. P. III. p. 67. 103.

Priapolithes, si les corps pétrifiés qu'on connoit sous ce nom, sont la *Alcudula* de
RONDELET, & le *Priapus* de *Mr.*
de LINNE? P. II. S. II. p. 14. ce sont
des Alcyons *ibid.* on les trouve à Pfaf-
figuen dans l'Evêché de Bâle p. 16. des
copies se voient, P. II. Pl. F. fig. 1, 2 3.

Propriétés, ou *Qualités*, celles des corps pétrifiés sont distinguées en generales & particulières P. I p. 3.

Prunes, pétrifiées, ce que l'on donne pour telles, est la plûpart fort sujet à caution.
P. III. p. 84.

Pseudocorallia des Anciens, ce que c'étoient.
P. II. S. II. p. 40.

Pseudocorallium rubbe. P. II. S. II p. 12.

Purpurites, comment elles diffèrent du reste
des Coquilles. P. II. S. I. p. 92. & suiv.
en particulier des Murcites. p. 95. l'on
en trouve dans la Vallée d'Antona en
Piémont. p. 104. des copies se voient,
P. II. Pl. C. I. fig. 5. Pl. C. III. fig. 7. 8.

Pyren de *PLINE.* P. III. p. 96.

Pyrena, si ce sont des Pierres judaïques? P.
II. S. I. p. 144.

Pyrites lithoxyloïdes, Bois pyriteux, P. III.
p. 32.

Pyriteux, Bois, v. Bois.

Pyriteux, Corps, leur origine. P. I. p. 44.
P. II. S. I. p. 33. 40. ce ne sont la plûpart que des noyaux. P. I p. 44. ils viennent à se décomposer peu à peu même
dans les Cabinets. *ibid.* Auteurs qui en
traitent. p. 44. 45. l'on trouve plusieurs
fortes de Coquilles pyriteuses, les plus
fréquentes sont les Cornes d'Ammon, le
Bois pyriteux au contraire est ce qu'il y
a de plus rare. *ibid.*

Q.

Quadrilateri irregulares, espèce de Dents de
Poisson fossiles. P. II. S. II. p. 191.

Quadrupedes v. *Tetrapodolithes.*

Qualités occultes, ce que l'on entend par ces
mots. P. I. p. 83.

Quarz, son origine. P. I. p. 10. il tapisse souvent l'intérieur des corps, des Coquilles,
& p. 12. Quarzes qui renferment des
Plantes, principalement des Mousses, des
brins de Paille. P. III. p. 56. comment ces
corps ont pû y être enfermés? *ibid.*

Quarzeuses, Pétrifications. v. *Pétrifications.*

Quercus-marina. P. II. S. II. p. 31.

Quëues, de quelque Animal, pétrifiées. P. II.
S. II. p. 155.

Quëues d'Ecrevisse, *GESNER* désignoit de
ce nom les Orthocératites P. II. S. I. p.
48. on le donnoit aussi à des Alvéoles
comprimées. P. II. S. II. p. 210.

Quëues de Poisson. v. *Poisson.*

R.

Racines pétrifiées. v. *Rhizolithes.*

Racines d'Entroques rameuses. P. II. S. II. p.
76. l'on doit se garder de les confondre
avec certaines fortes de Corallioïthes.
ibid.

Radioli lapidei, l'on désigne de ce nom les
Pierres judaïques. P. II. S. I. p. 143.

Raja, *Raie*, Poisson, de ce que l'on en a découvert parmi les dépouilles du Règne des
Fossiles. P. II. S. II. p. 163.

Raisins, si l'on en trouve de convertis en pierre? P. III p. 89. les prétendües grappes
des Cabinets de Mr. le Comte de *TES-*
SIN & de Mr. *HEIDENREICH*,
examinées & rejettées; la derniè e cependant est declaree pour une empreinte
d'un fruit à grains, & pour un morceau
précieux. *ibid.*

Rameaux, d'Arbres, pétrifiés, l'on en trouve
souvent qui sont d'une beauté supérieure. P. III. p. 25.

crustations. *ibid.* les Roseaux qui ont passé dans le Regne des Fossiles, ont éprouvé des sorts très differens. *ibid.* ils ont été la plûpart applatis, *ibid.* leur matrice est une pierre calcaire, ou un Schiste noir. p. 76. 77. Roseaux ferrugineux. P. I. p. 23. P. III. p. 17. pyriteux. P. I. p. 44. espèces particulières de Calamites décrites *Suppl.* p. 118. 119. ce fût le Museum Calceolarianum qui donna la première notice des Roseaux pétrifiés. P. III. p. 98. l'on en trouve à Bensberg dans le Duché de Mons, à Zankerode, à Munzenberg en Hesse, à Vérone, à St. Etienne en France, P. III. p. 77. en Angleterre, *Suppl.* p. 133. en Italie, P. III. p. 77. *Suppl.* p. 119. en Silésie, P. III. p. 50. 75. dans les Sevennes. P. III. p. 50. 67. 74. 77. à Querfourt. p. 74. à Jena, *ibid.* à Riedersdorf près de Berlin. p. 77. à Ilefeld. p. 65. 77. dans la Wetteravie. p. 65. des copies se voient: *Suppl.* Pl. I. II. III.

Roseaux, Feuilles de, pétrifiées, sont très frequentes, mais l'on donne quelquefois pour telles ce qui est tout autre chose P. III. p. 75. 76. l'on en trouve entre autres à Mannebach. p. 100.

ROSINUS, Savant d'un mérite distingué, par la lumière qu'il a repandue sur l'Histoire naturelle des Pétrifications. P. II. S. II. p. 115. & en particulier sur celles des Bélemnites p. 137. 138.

Rosmarus. v. *Veau marin.*

Rostra Avium petrificata, Becs d'Oiseaux pétrifiés. v. *Ornitholithes,*

Rostragines, espèce de Dents de Poisson fossiles. P. II. S. II. p. 189.

Rotulae, Rotules, espèce d'Echinite. P. II. S. I. p. 136. 149.

Rubeola mineralis Luidii. P. III. p. 102. si c'est une fleur pétrifiée? p. 70.

Rubia, Plante pétrifiée. P. III. p. 50.

Ruches d'Abeilles, de *Guêpes &c.* l'on prétend en avoir trouvé de pétrifiées. P. I. p. 146.

RUMPHIUS, Naturaliste d'un grand mérite, par le jour qu'il a repandu sur la Lithologie. P. II. S. I. p. 25. il prit les Echinites pour des Pierres de tonnerre. p. 150.

Rumphius, Corne d'Ammon de, ou *Cornet de Postillon,* est l'analogue de la Lituite. *Suppl.* p. 136.

Ruta Caprina, Plante, pétrifiée. P. III. p. 50.

S.

Sable. v. *Grais.*

Sabots. v. *Trochilites.*

Sagittaii de *LUID,* espèce de Dents de Poisson fossiles. P. II. S. II. p. 186.

Salicites, l'on désigne de ce nom les Hélicites. P. II. S. I. p. 53. ce ne sont point des feuilles de Saules, mais des Coquilles pétrifiées. P. III. p. 69.

Salinaria de *LUID,* espèce de Vertèbres fossiles. P. II. S. II. p. 165.

Salvia, Plante, pétrifiée. P. III. p. 50.

Sandalites, Bois de Sandale, pétrifié. P. III. p. 7.

Sandalites, Sandaliolithe, de *Mr.* le Baron de *HUPSCH,* décrite avec beaucoup d'exactitude. *Suppl.* p. 150. *Mr. de HUPSCH* le range parmi les Anomites. *ibid. Mr. le Conseiller Walch* au contraire, qui trouve à ce fossile un tissù semblable à celui des Coraux, est porté à le ranger dans la Classe de ces derniers. p. 190. 191. *Mr. GUETTARD* l'associe aux Hippurites. p. 191. des copies se voient: *Suppl.* Pl. IX. d. fig. 5. 6.

Sapins, pétrifiés, l'on en a trouvé à Cronstadt & en Irlande. P. III. p. 4.

Sapin, Bois de, pétrifié, s'appelle *Elatites.* P. III. p. 2. l'on en a déterré. p. 13. 38. 39. 42. 43. mais il est rare. p. 13.

Sapin, Cones de, pétrifiés, l'on en a déterré, mais ils sont d'une rareté extrème. P. III. p. 30.

Sargus, Poisson, l'on en trouve les Dents parmi les Fossiles. P. II. S. II. p. 196.

Saule, Bois de, pétrifié, n'est pas des plus rares. P. III. p. 15. à Lemberg on en a déterré des arbres entiers. p. 5.

Scaphoidae, Scaphoides de *LUID,* espèce de Dents de Poissons fossiles. P. II. S. II. p. 191. l'on en trouve dans le Duché de Mecklenbourg. *Suppl.* p. 181.

Scapulae v. *Omoplates.*

Scapulariae; LUID désigne de ce nom des Omoplates pétrifiées. P. II. S. II. p. 153.

Scare, Scarus, Poisson, pétrifié. P. II. S. II. p. 167.

Sceleta Avium petrificata. v. *Ornitholithes.*

SCHEUCHZER, Naturaliste d'un très grand mérite, par le jour qu'il a repandu sur la Lithologie. P. II. S. I. p. 25. en particulier sur l'Histoire naturelle des Hélicites. p. 54. & sur celle des Plantes fossiles. P. III. 93. 94. il rejetta les prétendus

Ff   tendus

tendus Jeux de la Nature, & fût suivi en cela par une infinité de Naturalistes. P. II. S. I. p. 19. comment il dériva l'Origine des Pétrifications du Déluge. P. I p. 67. sa Classification des Coraux. P. II. S. II. p. 40.

Schistes, souvent ils servent de matrice à des Corps pétrifiés. P. II. p. 17. ceux qui renferment des Plantes, sont, à parler généralement, de deux sortes. P. III. p. 58. mais, à les considérer en particulier, il y en a 1.) des blancs. P. III. p. 52. leur origine *ibid.* ordinairement ils se trouvent couchés au-dessus des lits de Charbon de terre. p. 53. 2.) des noirs. *ibid.* leur origine, & comment les Plantes ont pû y laisser leurs empreintes. *ibid.* 3.) de différentes couleurs. p. 53.

Schistes argilleux, ils renferment des Poissons & des Plantes, & doivent parconséquent avoir leur origine particulière. P. I. p. 17. souvent ils sont arborisés. p. 104.

Schistes calcaires, ils renferment des squelettes de Poissons, & doivent par conséquent avoir leur origine particulière. P. I. p. 17.

Scolopendria, Plante, petrifiée. P. III. p. 50.

Scolopendrites, nom que l'on a donné à des Echinites, d'où il vient? P. II. S. I. p. 133.

Scolopendroidae, espèce d'Etoiles de Mer, P. II. S. II. p. 160.

Scomber, Poisson pétrifié. P. II. S. II. p. 167.

Scopula littoralis anthracina de *LUID*, est probablement une portion du palais d'une Raye, P. II. S. II. p. 164. 197.

Scorpaena, Poisson pétrifié. P. II. S. II. p. 167.

Scorpioides montanus, Plante, pétrifiée. P. III. p. 50. elle est très rare, & ne se rencontre guères qu'en Italie. p. p. 67.

Scuta ornata, espèce d'Echinite, P. II. S. I. p. 138.

Scutella pentagona. P. II. S. I. p. 143.

Scutella terebrata de *LUID*, ce que c'est? P. II. S. I. p. 145.

scutellae hexagonae, P. II. S. I. p. 143.

Scutellae orbiculares, Mamelons d'Oursins. P. II. S. I. p. 143.

Scutellati de *LUID*, espèce de Dents de Poisson fossiles. P. II. S. II. p. 190.

Scutum angulatum, espèce d'Echinite. P. II. S. I. p. 139.

Scutum angulatum altum. Suppl. p. 189.

Scutum humile KLEINII. Suppl. p. 188.

Syphoidae, ce que c'est? P. II. S. II. p. 65.

Scyphoides, origine de ce nom. P. II. S. II. p. 104. description de ce fossile. *ibid.* sous quelle Classe il doit être rangé. & comment il diffère des Trochites. *ibid.* une copie se voit. P. I. Pl. XXXVI. fig. 18.

Scyphoides lapillus. Mr. SCHEUCHZER désigne de ce nom la Base de l'Encrinite. P. II. S. II. p. 85.

Seaux pétrifiés. P. III. p. 28.

Sédiment, Pierres formées par, quelles sont celles de ce genre qui servent de matrice à des corps pétrifiés, P. I. p. 17. 19. il y en a qui ne sauroient guères renfermer de ces corps. p. 20.

Seigle, Grains de, convertis en pierre. *Suppl.* p. 130.

Sélénite, son origine? P. I. p. 11. d'où il vient que certaines sortes de corps pétrifiés sont constamment d'une substance sélénitique? p. 16.

Semences, de Plantes, converties en pierre, elles sont d'une rareté extrême, & la plûpart des fossiles que l'on donne pour telles, ne sont rien moins que de véritables semences. P. III. p. 91. manière de discerner les véritables. *ibid.* des Semences de Pivoine, de Fougère, des Grains de Poivre, de Cubèbe, de la semence de Lin, de Frêne, d'une Umbellifera, de l'Arbor tristis. p. 93. des semences, tant véritables que fausses, il est traité en particulier, dans le *Suppl.* p. 129. des copies se voient: *Suppl.* Pl. III. a fig. 4. 5.

Semilunai de *PLANCUS. Suppl.* p. 135.

Serellae de *LUID*, espèce de Dents de Poisson fossiles. P. II. S. II. p. 188.

Serpens marinus de *BAIER.* P. II. S. II. p. 173.

Serpentes Melitensium petrefacti. P. II. S. II. p. 251.

Serpens, pétrifiés, l'on donnoit ce nom aux Cornes d'Ammon, parce qu'on les prenoit autrefois pour des Serpens convertis en pierre. P. II. S. I. p. 32. s'il y a de véritables serpent convertis en pierre? surtout si l'on en trouve dans les Ardoises de Glaris? P. II. S. II. p. 173. si un tel animal avalé par un Cerf sauroit être converti en pierre dans l'estomac de ce dernier? p. 172. & en général, si ces animaux sont susceptibles d'un tel changement, & si ces fossiles, que l'on trou-

ve

ve principalement en Thuringue, font des serpens pétrifiés? *ibid.*

Serpent, Langues de, espèce de Dents de l'oisson fossiles, d'où leur vient ce nom? P. II. S. II. p. 187.

Serpent, Oeufs de, l'on désigna de ce nom les Echinites, d'où cela vint. P. II. S. I. p. 233.

Serpent, Pierres en forme de, que l'on trouve en Thuringue, ne font ni des serpens ni des Vers de terre convertis en pierres. *Suppl.* p. 101. 102. quoiqu'elles paroissent devoir leur origine à ces fortes d'animaux, *ibid.* ce qui est expliqué, P. I. p. 65. *Suppl.* p 202.

Serpent, Yeux de, espèce de Dents de Poisson fossiles. P. II. S. II. p. 191. l'on voit qu'elles doivent leur origine à l'Aurata ou la Dorade, p. 196.

Serpentine, Pierre, ne renferme jamais des Pétrifications. P. I. p. 19.

Sertulaire, espèce de Coralline, l'on en trouve à Maftricht. *Suppl.* p. 165.

Sessiles de *LUID,* font des racines de Poisson fossiles. P. II. S. II. p. 193.

Sevennes, Schistes des, qui renferment des Plantes, observations générales sur ces Pierres. P. III. p. 101.

Siliquastra, espèce de Dents de Poisson fossiles. P. II. S. II. p. 185. 186. 192.

Siliquastrum, Plante, pétrifié. P. III. p. 50.

Siliquastrum littorale venosum &c. de *LUID,* espèce de Dents de Poisson fossile. P. II. S. II. p. 193.

Silure, Silurus, Poisson, pétrifié. P. II. S. II. p. 167.

Singe, Ostéolithes de, P. II. S. II. p. 150.

Siphon, des Bélemnites, P. II. S. II. p. 214.

Siphon, des Cornes d'Ammon, dans bien des fortes de cette Coquille il est situé au dos. P. II. S. I. p. 42.

Siphon, des Orthocératites, si les Astéries lui doivent leur naissance? P. II. S. II. p. 97. 100. v. *Orthocératite.*

Smectite v. *Stéatite.*

Solmarinus, Soleil marin, espèce d'Etoile de Mer. P. II. S. II. p. 259.

Soleariae de *LUID,* Omoplates pétrifiés. P. II. S. II. p. 153.

SPADA, Naturaliste, plaça les Hélicites dans la Claffe des Bivalves. P. II. S. I. p. 55.

Spatagi, Genre d'Echinites. P. II. S. I. p. 139. des copies se voient. P. II. Pl. E. I. fig. 5. 6. Pl. E. III. fig. 1.

Spath, comment se forme celui qui est demi-transparent. P. I. p. 11. l'on en voit avec des arborisations. p. 103. d'où il vient que le Spath ne renferme point des corps pétrifiés, tandis que l'on voit des corps convertis en Spath? P. II S. I. p. 8. v. *Pétrifications spathiques,* si le spath qui se voit souvent dans les cavités des Coquilles, est l'animal converti en pierre? p. 91. 110. celui qui se trouve dans les rognons, doit son origine à des corps étrangers. *Suppl.* p. 130.

Spath calcaire, opaque, son origine. P. I. p. 11.

Spath gypseux, sa nature & son origine. P. I p. 11. P. II. S. I. p. 65. 66.

Spectrorum candela, l'on a désigné de ce nom les Bélemnites. P. II. S. II. p. 211.

Spica secalina de *LUID.* P. II. p. 51.

Spiritus architectonicus, lapidificus, plasticus, idées que les Anciens attachoient à ces mots? P. I. p. 84. & *suiv.* *KIRCHER* entendoit par là ce que d'autres exprimoient par *Vis plastica.* P. II. S. I. p. 15.

Spongia crateriformis. P. II. S. II. p. 36.

Spongia fluviatilis LINN. P. III. p. 101.

Songia tubulosa. P. II. S. II. p. 17.

Spongiae marinae, ce que c'est? P. II. S. II. p. 1. v. *Eponges de Mer.*

Squalus du *Chevalier de LINNE,* quel genre de Poisson que c'est? P. II. S. II. p. 195.

Squillae, Genre d'Ecrévisses. P. I. p. 114. plusieurs Auteurs en ont fourni des copies. p. 118. dans cet Ouvrage l'on en voit. P. I. Pl. XV.

Squillae digitatae, quelle forte d'Ecrévisse que c'est? P. I. p. 114.

Staarenstein, Pierre, de la dureté d'un Jaspe ou d'une Agate. P. III. p. 11. il y en a deux fortes. *ibid.* Sa forme & sa nature. *ibid.* il y en a que l'on appelle du nom d'*Augenstein,* ou *Pierre oeillées* ou *chargées d'yeux. ibid.* d'autres portent celui de *Wurmstein,* ou *Vermiculites,* quoiqu'elles ne renferment point des Vermisseaux. P. I. p. 149. d'autres encore font connues sous celui de *Sternstein,* ou *Pierres étoilées.* P. III. p. 11. les Pierres auxquelles le nom de *Staarenstein* appartient proprement, font sans doute des Bois pétrifiés, à l'altération desquels les Polypes ont probablement quelque part. p. 12. l'on en voit qui paroissent en particulier le devoir à certaines fortes de *Tubulaires.* p. 45. certains Naturalistes rapportent ces pierres parmi les Bois qui

F f 2   ont

ont éprouvé quelque degré de putréfaction avant que d'avoir été convertis en pierre, p. 30. celles qui portent le nom de Pierres étoilées, ne sauroient guères être des Bois. p. 12. Auteurs qui en traitent. p. 13. *Not.* 3. l'on trouve à ces Pierres beaucoup de variété par rapport à la couleur. *Suppl.* p. 196. 197. elles ne varient pas moins dans les cercles que l'on voit dans leur partie supérieure. p. 197. ces cercles paroissent devoir leur origine à des vers testacés. *ibid.* outre les environs de Chemnitz qui fournissent ces Pierres, l'on a découvert près de Belgrad un pilier converti en une pierre semblable. p. 197. la matrice en est indubitablement du bois. *ibid.* d'ailleurs ces Pierres se trouvent près de Chemnitz. P. III. p. 11. 47. & de Hilbersdorf p. 11. des copies se voient, P. III. Pl. Z. fig. 2. *Suppl.* Pl. X. fig. 5. 6.

Stachyoides, quel Fossile que c'est, & si l'on doit lui associer les Trochites & les Astéries? P. II. S. II. p. 116.

Stalactites, leur formation. P. I. p. 11. comment elles se distinguent des Tufs? *ibid.* *Mr. LANGE* prit des Dentalites pour des Stalactites. P. II. S. II. p. 244. comment ces deux sortes de Fossiles se distinguent l'une de l'autre? *ibid.* si les Bélemnites peuvent être rangées parmi les Stalactites? p. 118. Stalactites avec des Plantes, P. III. p. 54. ce sont tantôt des empreintes qu'elles offrent, tantôt des Plantes incrustées. *ibid.* & ce qu'il y a de plus fréquent parmi ces Plantes ce sont les Feuilles. *ibid.*

Stangengraupen. v. *Frankenberg.*

Stéatite, Pierre, qui ne renferme jamais de corps pétrifiés. P. I. p. 10. mais qui est souvent arborisée. p. 104.

Stélechites, signification propre de ce mot, qui est emploié par certains Naturalistes pour désigner des Bois pétrifiés. P. III. p. 2. *MERCATUS* donna ce nom aux Calamites. p. 71. 76.

Stella crinita decaenemos. P. II. S. II. p. 260. pétrifiée. p. 261.

Stella crinita polycacnemos. P. II. S. II. p. 260. pétrifiée. p. 261.

Stella crinita triscaedecacnemos. P. II. S. II. p. 260.

Stella coriaceae. P. II. S. II. p. 259. pétrifiées. p. 261.

Stellae fissae, Etoiles de Mer à rayons fendus. P. II. S. II. p. 259.

Stellae fissae multifidae. P. II. S. II. p. 259.

Stellae lumbricales, P. II. S. II. p. 260.

Stellae lumbricales corpore pentagono lateribus lunatis. P. II. S. II. p. 260. pétrifiées. p. 261.

Stellae lumbricales lacertosae. P. II. S. II. p. 260. pétrifiées. p. 261.

Stellae lumbricales longicaudae. P. II. S. II. p. 260.

Stellae marinae arborescentes. P. II. S. II. p. 98.

Stellae reticulatae, fragmens de cette sorte d'Etoiles de Mer fossiles. P. II. S. II. p. 261.

Stellae scolopendroideae, P. II. S. II. p. 260.

Stellae scolopendroideae corpore florido. P. II. S. II. p. 260.

Stellae scolopendroideae corpore pentagono. P. II. S. II. p. 260.

Stellae scolopendroideae corpore rotundo. P. II. S. II. p. 260.

Stellae vermiformes. P. II. S. II. p. 260. se divisent en lumbricales & scolopendroides. *ibid.*

Stellariae, l'on désigne de ce nom les Astéries. P. II. S. II. p. 77.

Sternum, d'un corps humain, pétrifié. P. II. S. II. p. 142.

Stigmites, ce que c'est? P. I. p. 101. 107. Il y a des Stigmites-Schistes, des Calcédoines, des Carnioles. p. 107. l'on en trouve à Hof, Nossen, Chemnitz. *ibid.*

STOBAEUS, Naturaliste, prit les Bélemnites pour des Coraux. P. II. S. II. p. 216.

Strigosulae, Strigulosae, de *SCHEUCHZER*, ce que c'est? P. II. S. I. p. 115.

Strombi aculeati. P. II. S. I. p. 111.

Strombi lapidei, l'on désigne de ce nom les Strombites. P. II. S. I. p. 104.

Strombites, en quoi elles diffèrent des Turbinites. P. II. S. I. p. 16. 104. 105. anciennement on les désigna du nom de *Buccius* p. 91. 55. elles se rapportent à la famille des Turbinites. p. 104. comment elles se distinguent des Buccinites. p. 105. les Coquilles auxquelles elles doivent leur origine, doivent être cherchées tant parmi celles de la Mer que parmi celles d'eau douce & les terrestres. *ibid. AGRICOLA* en parle dans ses écrits. p. 107. de même que *CARDAN. ibid.* l'on doit les avoir connues anciennement sous le nom d'*Agapes. ibid.* des Strombites de Regenstein converties en Calcédoine. P. I. p. 11. l'on voit des Strombites granuleuses, & d'autres qui sont hérissées. P. II. S. I. p. 111. voy. aussi *Vis.* l'on en trouve dans la Vallée

ce

ce qui paroît le raprocher des Insectes ce font les piéds, dont on lui a trouvé des traces. p. 118. 119. pourquoi l'original de ce Fossile ne sauroit être rangé parmi les *Chitons*? p. 120. 121. ni parmi les Monocles? p. 121. suivant l'Auteur il n'a pas encore été découvert. p. 122. quoiqu'il espère, qu'il pourroit être trouvé un jour parmi les Scolopendres de la Mer d'Islande. p. 122. *& suiv.*

Les individus de ce Fossile font la plûpart mutilés, l'on examine d'où cela vient? P. III. p. 124. tantôt ils se trouvent dépouillés de la cuirasse crustacée qui les enveloppoit autrefois, tantôt ils en sont encore recouverts, & dans ce dernier cas, ils sont, ou pétrifiés, ou calcinés, ou métallisés. p. 125. la matrice en varie extrêmement. *ibid.* dans les Païs septentrionaux ce Fossile est plus fréquent que dans les autres. *ibid.* l'Histoire nous apprend que dans le Siecle passé il a été encore inconnû, dans celui où nous sommes, il est devenû plus fréquent, témoin les écrits des Naturalistes de nos jours. p. 116. *& suiv.*

La Trilobite de Mr. LINK, devenûe si fameuse que l'on en a tiré plusieurs copies, est exactement décrite par l'Auteur de cet Ouvrage. *Suppl.* p. 184. 185. ce qu'il y a de plus remarquable, c'est le Casque, ou la partie qui recouvre la tête, puisqu'il est si rare de la trouver entière. *ibid.* description des Trilobites développées ou étendues qui sont les plus précieuses. p. 185. 186. de même que de celles d'Angleterre. p. 193. Liste des endroits où l'on trouve ce Fossile: les environs de Berlin, P. III. p. 112. Andrarum. *ibid.* Prague, Francfort sur l'Oder, Meklenbourg, Gnoyen dans le Duché de Meklenbourg, Neuroppin, la Suede, Stargard p. 115. l'Uckermark, l'Ostrogothie, la Westrogothie, la Scanie, l'Oelande, l'Angleterre, Dudley dans la Comté de Wercester, Colebrookdale en Shropshire, Marionetshire, Stemme dans l'Eveché de Paderborn, Aix-la-Chapelle, Bourgwenden en Thuringe, Danzig, la Suisse, la France dans les environs d'Angers, l'Espagne dans ceux de Pardos & d'Anchuela. p. 125. 126. Succow dans l'Uckermack, *Suppl.* p. 186. Neu-Streliz, Neu-Brandebourg. p. 186. 187. Havelberg. p. 192. des copies se voient, P. II. Pl. B. V. fig. 3. *Suppl.* Pl. IX. Pl. IX. a. Pl. IX. b. fig. 1—6. Pl. IX. c. fig. 1—6. Pl. IX. e. fig. 1—7. Pl. IX. f.

Trinucleus.

Trinucleus fimbriatus vulgaris. LUID désigne de ces noms la Trilobite. P. II. S. I. p. 81. P. III. p. 125.

Trisactis, espèce d'Etoile de Mer. P. II. S. II. p. 259.

Triscaedecactis, espèce d'Etoile de Mer. P. II. S. II. p. 259.

Trochi. v. *Trochites.*

Trochi lapidei. v. *Trochilites.*

Trochilites, ce que c'est? P. II. S. I. p. 16. Origine de ce nom p. 87. leur forme extérieure. *ibid.* il y en a de différentes grandeurs. *ibid.* quelles en sont les plus rares. *ibid.* on les trouve la plûpart hors de leur matrice. p. 84. Auteurs qui en ont traité. *ibid.* comment elles different des Turbinites. p. 105. l'on en trouve, à Bath, P. II. S. I p. 88. aux environs de Berne. p. 91. en Bavière, p. 132. en Danemarc, p. 88. dans l'Isle de Faeroë. p. 88. 91. en Angleterre. p. 88. 91. à Giengen en Souabe. p. 51. à Hildesheim. p. 89. en Norwege. p. 88. 92. en Suede. p. 88. en Suisse. p. 88. 89. 91. à Turin, p. 91. des copies se voient. P. II. Pl. B. III. a. Pl. B. VI. a. fig. 13. 19. 27. 29. 32. Pl. B. VI.* fi. 1—8. Pl. B. VII. fig. 1—8.

Trochitae cylindrici, ce que c'est? P. II. S. II. p. 65.

Trochitae scaphiformes. P. II. S. II. p. 69.

Trochitarum exordia. P. II. S. II. p. 76.

Trochites, ce que c'est? P. II. S. II. p. 63. Origine de ce nom. p. 64. combien elles varient, & espèces différentes qui en resultent. p. 65. 66. 67. différences qu'on leur trouve à l'égard du dos. p. 67. si les gravûres qui en ornent les surfaces plattes, sont constantes? p. 68. la grandeur des Trochites n'est ni proportionelle à l'âge que l'animal dont elles ont fait partie, peût avoir atteint, ni relative à ce qui en détermine le genre. p. 69. variétés accidentelles dans les couleurs qu'on leur trouve. p. 70. d'où elles viennent? *ibid.* comment ce Fossile se distingue des Scyphoïdes. p. 104. états différens que les individus peuvent avoir subis pendant leur séjour dans le Regne de Fossiles. p. 107. ces Trochites sont d'une substance spathique. *ibid.* d'où cela vient? P. I. p. 15. 23. quelquefois pyriteuses. P. II. S. II. p. 107. *leur matrice. ibid.* d'où il vient que les Trochites qui se trouvent ensemble, sont ordinairement de même grandeur? *ibid.* noyaux & empreintes des Trochites. *ibid.* ces dernières méritent quelque attention. p. 108. comment elles ont pû se former dans les pierres à feu? *ibid* souvent elles se trouvent endommagées. *ibid*. d'où vient que les Auteurs des Siècles passés ont rangé les Trochites à côté des Pierres judaïques? p. 111. idée de Mr. HOFER touchant leur formation. p. 102. comment AGRICOLA essaia d'en expliquer l'origine? p. 112. opinions différentes sur ce sujet. p. 112. *& suiv.* idée singulière de WORMIUS. p. 113. l'on doit y distinguer les apophyses & le Siphon. p. 67. le trou qui en occupe le centre. p. 68. ce trou est conformé en différentes manières, mais il n'est pas décidé s'il y en a d'angulaire? *ibid*. Auteurs qui ont traité des Trochites. P. II. S. II. p. 70. *Not.* l'on en trouve, dans la basse Hesse, P. II. S. I. p. 75. à Goslar, Calenberg, Quérfourt, en Franconie, à Lübec, en Hesse, en Saxe, en Thuringue, à Halle, en Silésie, à Massel, à Francfort sur l'Oder, à Angerbourg, en Suisse, en Angleterre, en France, en Espagne, en Lorraine, P. II. S. II. p. 109. 110. aux environs de Lübec, de Braunsvic, d'Hannovre. p. 116. dans le Duché de Juliers & de Berg, *Suppl.* p. 134. des copies se voient. P. I. Pl. XXXVI. fig. 1. 3. 5. 6, 7, 10. *Suppl.* Pl. III. b. fig. I.

Trochites, de forme cylindrique. P. II. S. II. p. 70.

Trochites, Coquilles. v. *Trochilites*.

Trochlea interior turbinata de LUID. fust d'une espèce de Vis. P. II. S. I. p. 113.

Trocho turbinitae de LUID, ce que c'est? P. II. S. I. p. 87.

Troncs d'Arbre, des *Morceaux de*, pétrifiés, sont ce qu'il y a de plus fréquent parmi les Bois fossiles. P. III. p. 15. Histoire remarquable d'un Tronc, que l'Empereur François I. a fait tirer du Danube. P. I. p. 4. 5.

Troques. v. *Trochites*.

Truite, pétrifiée, Trutta, Poisson, P. II. S. II. p. 167.

Tubipora musica. P. II. S. II. p. 15. *Suppl.* p. 168. on la trouve entre autres à Maëstricht, *Suppl.* p. 168. une copie se voit, *Suppl.* Pl. VI. fig. 1.

Tubipora purpurea. S. II. S. II. p. 15.

Tubipora stellata. P. II. S. II. p. 11.

Tubipora tubis simplicibus. P. II. S. II. p. 15.

Tubiporites, ce que c'est? P. II. S. II. p. 7. leur forme & noms différens. p. 14. 15. il est facile de les distinguer des Madréporites & des Milléporites. p. 14. d'où l'on en tire les caractères les plus naturels, qui servent de base à leur distribution systématique. p. 15. espèces différentes de Tubiporites. p. 15. *& suiv.* comment elles diffèrent des Astroites. p. 17. les Anciens les rapportoient parmi les Alcyons. p. 20. d'où viennent ces rides concentriques dont elles sont quelquefois chargées, comme l'on voit parmi celles de Gothlande, *Suppl.* p. 159. l'on en trouve, en Angleterre. P. II. S. II. p. 59. dans l'Isle de Gothlande. P. II. S. II. p. 15. *Suppl.* p. 159. 175. à Maëstricht, *Suppl.* p. 165. 166. 168. des copies se voient, P. II. Pl. F. XI. fig. 5. *Suppl.* Pl. VI. fig. 1. Pl. VII. c. fig. 1. 2. 3. 4.

Tubiporites étoilées, comment elles se distinguent des Madréporites & des Astroites. P. II. S. II. p. 17. 18.

Tubiporites striées. P. II. S. II. p. 17.

Tubularia calamaris. *Suppl.* p. 169.

Tubularia catenulata. P. II. S. II. p. 16.

Tubularia fossilis. P. II. S. II. p. 15.

Tubularia fungiformis. *Suppl.* p. 166.

Tubularia purpurea. P. II. S. II. p. 15. *Suppl.* p. 168.

Tubularia tubis hexagonis. P. II. S. II. p. 18.

Tubularia tubis pentagonis. P. II. S. II. p. 18.

Tubularia tubis quadrangularibus. P. II. S. II. p. 18.

Tubulaires.
Tubulariae. } voy. *Tubiporites*.

Tubulaires, composées de six colonnes, décrites, *Suppl.* p. 162.

Tubuli cylindrici latissimi recta fere extensi. P. II. S. II. p. 148.

Tubuli divi Josephi, l'on désigne de ce nom les Dentalites. P. II. S. II. p. 145.

Tubuli marini, ce que c'est? P. II. S. II. p. 145. l'on doit y rapporter les Bélemnites. p. 116. v. *Tuyaux de Mer*.

Tubuli marini cylindrici, solitarii, rotundi &c. P. II. S. II. p. 148.

Tubulitae, Dentalites. P. II. S. II. d. 145.

Tubulitae geniculati. P. II. S. II. p. 149.

Tubulites, ce que c'est? P. II. S. I. p. 15. v. *Tubiporites & Vermiculites*.

Tubulus marinus regulariter intortus, arcuatim incurvatus, & versus unam extremitatem acuminatus. P. II. S. II. p. 147.

Tubulus marinus vermicularis concameratus. P. II. S. II. p. 153.

Tuf, ce que c'est? P. I. p. 31.

Vertèbres, corps pétrifiés qui s'y rapportent. P. II. S. II. p. 153. vertèbres de Poisson, leur classification d'après LUID. p. 165. elles sont plus rares que les Dents de poisson fossiles, excepté en Angleterre. *ibid.* vertèbres des Cétacés ou d'autres grands poissons, *ibid.* vertèbres humaines, p. 142. vertèbres de Baleine. p. 165. l'on en trouve à Esperstedt, Eisleben, en Silésie. p. 154. à Querfourt. p. 154. 209. *Suppl.* p. 181. à Eichstedt. P. II. S. II. p. 153. en Angleterre. p. 165. aux environs de Weimar, & dans l'Isle de Schepey. *Suppl.* p. 183. des copies se voient, P. II. Pl. H. I. a fig. 7. 8. Pl. L. fig. 5. 6. 7. *Suppl.* Pl. VIII. e. fig. 1. 2. 3. 4.

Vertex umbonatus, ce que c'est? P. II. S. I. p. 139.

Vesce, Gousses de, prétendues pétrifiées. P. III. p. 82.

Vieillée ridée, Coquille, pétrifiée. P. II. S. I. p. 113. on la trouve en Piémont. *ibid.* v. *Camite. Oudewyf.*

Vigne, Bois de, Sarment, pétrifié. P. III. p. 15.

Vipera petrificata de WORMIUS, ne sont point des Serpens pétrifiés. P. II. S. II. p. 173.

Virtus formativa, ce que c'est? P. I. p. 83. P. II. S. I. p. 19.

Virtus mineralis d'ALBERT LE GRAND, ce que c'est? P. II. S. I. p. 19.

Vis lapidifica des Anciens, ce que c'est? P. I. p. 83. P. II. S. I. p. 19. d'AVICENNE? P. I. p. 83.

Vis lapidifica seminalis de GASSENDI, ce que c'est, P. II. S. I. p. 15.

Vis plastica, ce que c'est? P. I. p. 83. P. II. S. I. p. 19. 25. Naturalistes qui l'admettoient, P. I. p. 34.

Vis, l'on donne ce nom aux Turbinites & aux Strombites, P. II. S. I. p. 104. 105. v. *Turbinites & Strombites.* leur forme, p. 105. les différentes sortes que l'on en trouve, p. 106. l'on en voit de lisses, de tuberculeuses, de striées, de granuleuses. *ibid.* leur grandeur générique, & états différens qu'elles ont subis. p. 106. 107. l'on en trouve à Quedlimbourg, p. 107. à Querfourt, en Silésie, en Suisse, à Angerbourg, en Hesse, à Neustadt, à Goslar, à Calenberg, aux environs d'Hanovre, à Vérone & en Suede. p. 108.

Vis de pressoir, Coquilles, pétrifiées, origine de ce nom. P. II. S. II. p. 114. leur forme extérieure, *ibid.* les disques, dont elles sont composées, sont tantôt mar-

qués de stries fines, tantôt lisses: p. 115. l'on en trouve qui sont traversées dans leur axe d'une espèce de fût ou de clavicule, tandis que d'autres en sont dépourvues. *ibid.* dans leur grandeur elles varient extrêmement. *ibid.* elles sont d'une substance spathique, mais qui a la dureté d'un Quarz p. 126. 132. leur matrice est une Ochre ferrugineuse, & on les trouve en société avec des Coquilles & des Coraux, p. 126. celles qui ressemblent à un chapelet, ne sont pas des noyaux. P. I. p. 42. 44. celles d'Angleterre sont couchées dans des matrices moins ferrugineuses. P. II. S. II. p. 126. espèces différentes que l'on en trouve. p. 127. fûts, empreintes, & disques détachés, de ces *Vis. ibid.* l'original, ou le genre de corps naturel auquel elles doivent leur origine, se trouve vraisemblablement parmi les Entroques de l'Isle de Gothlande. p. 127. 128. ce n'est pas sans raison que l'on demande, comment ces Vis en ont pû avoir leur naissance? p. 128. 129. PLOTT fût le premier qui leur prêta son attention. p. 129. histoire de la contestation qui s'est élevée entre Mr. LIEBEROTH, qui les prit, sans raison, pour des Vers, & Mr. LEHMANN, qui en fit des vertèbres d'une sorte de Tete de Méduse. p. 130. & *suiv.* Mr. VOGEL en fit des Strombites. p. 131. Mr. SCHULZE les prit pour des noyaux d'une sorte d'Entroques, idée qui est combattue, *ibid.* d'autres les regardèrent comme des noyaux de certaines sortes de Coralliolithes. P. II. S. II. p. 38. l'on en voit de cylindriques & d'anguleuses. p. 125 on les trouve dans les Pais de Blankenbourg. P. I. p. 14. P. II. S. II. p. 125. 132. près de Huttenrode. p. 132. en Angleterre. p. 133. à Winzenbourg dans l'Evêché d'Hildesheim. p. 129. à Almeroda en Westphalie. p. 131. des copies se voient, P. II. Pl. G. VII.

Vitrioliques, Corps. v. *Corps* &c.

Umbilicites, ce que c'est? P. II. S. I. p. 15. 81. leurs différens noms. p. 81. comment elles se distinguent des Ammonites? p. 82. 83. il est facile de les confondre avec ces dernières. *ibid.* MERCATUS fût le premier qui les en distingua & leur donna le nom de *Cochlitae umbilicati.* p. 83. l'on doit se garder de les confondre avec les Operculites, auxquelles l'on donne quelquefois le même nom *ibid.* de même que d'avec certaines sortes de Tubulites, ou Vermiculites, *ibid.* comment elles diffèrent des Limaçons terrestres, leurs espèces différentes, & leurs analogues. *ibid.*

ibid. souvent on ne les discerne qu'après
qu'elles ont été usées sur une meule. p.
41. l'on en trouve en Suisse. p. 83. 88.
90. à Giengen en Souabe, en Angleterre.
p. 89. en Silésie, en Suede. p. 83. aux
environs de Turin. p. 88. 90. à Lou-
vain, à Jene. p. 90. à Francfort sur le
Mein. p. 88. des copies se voient. P. II.
Pl. B. VI. a. fig. 1—9. Pl. B. VI. b. fig.
2. 3. 4. 6. 7—17. 10. 11.

Vmbilicus marinus, l'on donne ce nom a certaines sortes d'Opercules, que l'on doit
se garder de confondre avec les Vmbilicites. P. II. S. I. p. 83. v. *Operculites.*

Vndulatum carbonarium, espèce de Céréite.
P. III. p. 78. que l'on trouve dans les
Sevennes. p. 103.

Vngella carbonaria, espèce de Céréites, qui
se trouve dans les Sevennes. P. I. p. 110.
P. III. p. 103.

Vngella carbonaria major. ⎱ espèces de Céréi-
Vngella carbonaria minor. ⎰ tes. P. III. p. 78.

Vnicornu fossile, d'où lui vient cette dénomination. P. II. S. II. p. 175. 176. l'on
trouve parmi les Fossiles qui portent ce
nom, des Dents pointues, des molaires,
des cornes droites. p. 165—177. ces
Fossiles n'ont point subi un même degré de calcination. *ibid.* Auteurs qui en
ont traité. *ibid.* d'où il vient que ceux
de Sibérie n'ont point souffert d'altération. P. I. p. 49. THEOPHRASTE con-
nût déja l'Vnicornu fossile. P. II. S. II.
p. 178. GASP. BARTHOLIN fût le
premier qui découvrit que l'Vnicornu
ou la Licorne proprement dite vient d'un
Poisson de mer. p. 180.

Vogelberg, Montagne dans le Pais de Hesse,
ne tire point son nom des Os fossiles
d'Oiseaux que l'on prétendit autrefois y
trouver. P. II. S. II. p. 160. 161.

Volcans, si l'on peut leur attribuer l'origine
de nos Pétrifications? P. I. p. 68. 69.

VOLKMANN, les prétendus Bois pétrifiés de ce Naturaliste étoient probablement des espèces de Joncs ou de Roseaux. *Suppl.* p. 131. voy. *Bois.*

Volvolae, nom dont on désigna certaines sortes d'Entroques. P. II. S. II. p. 71.

Volvolae doliatae, ⎱ ce que c'est? P. II. S. II.
Volvolae utriculatae. ⎰ p. 65. 68.

Volutites, quel genre de Coquilles que c'est?
P. II. S. I. p. 17. 97. comment elles se
distinguent du reste des Coquilles. p. 91.
l'on peut en établir deux espèces principales. p. 97. elles sont très rares. *ibid.*

leurs analogues. *ibid.* comment l'on s'as-
sure si une Volute est dépouillée de son
test ou non? p. 99. on les trouve en
Suisse, en Piémont, à Chaumont, à
Wielicska en Pologne, aux environs
de Turin. p. 97. dans l'Isle de Malthe.
P. I. p. 37. P. II. S. I. p. 97. 103. des co-
pies se voient: P. II. Pl. C. fig. 5. Pl. C.
I. fig. 1. 3. Pl. C. II. fig. 3. 4. 6. Pl. C.
II.* fig. 6. 7. Pl. C. III. fig. 3.

Vrlicites, LANG désigna de ce nom les Hystérolithes, à cause de la ressemblance
qu'il prétendit leur trouver avec l'*Vrti-
ca marina.* P. II. S. I. p. 79.

W.

WAGNER. (*Pierre Chretien*) Naturaliste
qui s'est fait un grand merite par la lumière qu'il repandit sur l'Histoire naturelle des Pierres judaïques. P. II. S. I.
p. 150.

WALLERIUS, ce qu'il nous dit sur l'Histoire naturelle des Echinites, est assés su-
perficiel. P. II. S. I. p. 151. 152.

WEDEL, (*George Wolfg.*) fût le premier
de son tems, qui admit l'existence des
véritables Pétrifications. P. II. S. I. p. 13.

WOHLFARTH, s'est acquis une grande
réputation par la lumière qu'il repandit
sur l'Histoire naturelle, en particulier sur
celle des Hystérolithes. P. II. S. I. p. 79.

WOODWARD, sa Géographie physique,
P. II. S. II. p. 183. il fit voir comment
les corps petrifiés pouvoient avoir été
transportés sur les plus hautes Montagnes. P. II. S. I. p. 29. sa manière d'expliquer l'origine des Pétrifications par le
Déluge universel. P. I. p. 67. il rangea
les Coraux parmi les Minéraux, P. II.
S. II. p. 3.

WORM, ce Naturaliste prit les Ammonites
pour des Serpens convertis en pierre,
P. II. S. I. p. 56. il pretendit avoir des
Echinites qui renfermoient des petits
dans leur corps. p. 149. son mérite par
rapport aux Hystérolithes. p. 79. ses
idées singulières sur l'origine des Bufonites, P. II. S. II. p. 103.

X.

XENOPHANES, cet ancien Philosophe fait
mention de plusieurs sortes de Pétrifications, P. I. p. 80.

Xiphias, Espadon, Poisson cétacé, pétrifié.
P. II. S. II. p. 167.

Xylosteon, nom que l'on donne quelquefois aux Ostéolithes, quoiqu'il soit fort peu convenable, P. II. S. II. p. 133.

Xylosteon multiforum, l'on désigne de ce nom le Bois fossile vermoulu, P. III. p. 29.

Y.

Yeux de Serpent. v. *Serpent*.

Z.

ZOLLER, *Mr., Tortuë pétrifiée* de son Cabinet, P. II. S. II. p. 168.

Zoophytes, l'on désigne de ce nom les Coraux. P. II. S. II. p. 2. 4.

Zoophyte de MYLIUS. P. II. S. II. p. 95. il n'est point l'analogue de l'Encrinite ni de la Pentacrinite, p. 95. 100. quoiqu'il ne laisse pas de repandre du jour sur l'histoire naturelle de l'Encrinite. p. 100. 117. 118. *Zoophyte* d'ELLIS. p. 96. il n'est non plus l'analogue de l'Encrinite ni de la Pentacrinite, p. 97. 100. 101. sa figure se voit. P. I. Pl. XXXV.

Zoophytholithi pediculi seu rami Stellae marinae, phrase par laquelle quelques Naturalistes désignent les Entroques, P. II. S. II. p. 71.

Zoophytholithus articuli singuli Stellae marinae, certains Naturalistes désignent par là les Astéries. P. II. S. II. p. 77.

Zoophytholithus Astrophyti. P. II. S. II. p. 261.

Zoophytholithus baseos Stellae marinae, phrase par laquelle l'on désigne la Base de l'Encrinite. P. II. S. II. p. 85.

Zygaena v. *Marteau*.

www.ingramcontent.com/pod-product-compliance
Lightning Source LLC
LaVergne TN
LVHW021741060726
842528LV00003B/753